Bhajanamritam

Devotional songs of
Sri Mata Amritanandamayi

Volume 1

Mata Amritanandamayi Center
San Ramon, California, United States

Bhajanamritam

Volume 1

Published by:

Mata Amritanandamayi Center
P.O. Box 613
San Ramon, CA 94583-0613
USA

In India:

www.amritapuri.org
inform@amritapuri.org

In USA:

www.amma.org

In Europe:

www.amma-europe.org

Contents

About Pronunciation I-5

Bhajans I-6

Ślokas and mantras I-266

Index of Bhajans Volume 1 I-269

About Pronunciation

The following key is for the guidance of those who are unfamiliar with the transliteration codes of Indian languages which are used in this book.

A	-as	a	in America
AI	-as	ai	in aisle
AU	-as	ow	in how
E	-as	e	in they
I	-as	ea	in heat
O	-as	o	in or
U	-as	u	in suit
KH	-as	kh	in Eckhart
G	-as	g	in give
GH	-as	gh	in loghouse
PH	-as	ph	in shepherd
BH	-as	bh	in clubhouse
TH	-as	th	in lighthouse
DH	-as	dh	in redhead
C	-as	c	in cello
CH	-as	ch-h	in staunch-heart
JH	-as	dge	in hedgehog
Ñ	-as	ny	in canyon
Ś	-as	sh	in shine
Ṣ	-as	c	in efficient
Ṅ	-as	ng	in sing, (nasal sound)
V	-as	v	in valley, but closer to a "w"
ZH	-as	rh	in rhythm

Vowels which have a line on top of them are long vowels, they are pronounced like the vowels listed above but are held for twice the amount of time.

The letters with dots under them (ṭ, ṭh, ḍ, ḍh, ṇ, l, ṣ) are palatal consonants, they are pronounced with the tip of the tongue against the hard palate. Letters without such dots are dental consonants and are pronounced with the tongue against the base of the teeth.

Bhajans

ABHAYAM ABHAYAM AMMĀ

abhayam abhayam ammā ammā (3 times)
ajñānikaḷām aṭiyangaḷil nī
aparādhangaḷ poṛuttiṭa vēṇam
ajñānikaḷām ñangaḷil ennum
kaniyēṇamē mahāmāyē

O Mother, give refuge, give refuge. Forgive all the mistakes that this ignorant servant has committed. O Great Illusion, shower Thy mercy on this ignorant servant of Thine.

annapūrṇṇeśvari akhilāṇḍeśvarī
anātha rakṣaki mahāmāyē
annapūrṇṇēśvari rājarājēśvari
śaraṇam ēkuka śaraṇam śaraṇam

O Annapurnesvari, Goddess of the Universe, Protectress of the miserable, O Great Illusion, Rajarajesvari, grant us refuge.

ĀDI PARĀŚAKTĪ

ādi parā śaktī ādi parā śaktī
ādhikaḷ tīrttaruḷū dēvi ādi parā śaktī

O Primal Supreme Power, Please bless us, ridding us of distress.

navayiru guṇitakaram dēvi
vāhanam oru simham
kamaladaḷam tozhumā kaṇṇukaḷ
oru mṛdu hāsakaram (ādi)

O Goddess having 18 arms, whose mount is a lion, Thy eyes are worshipped even by the lotus petals, O Thou having a gentle smile.

oḷi chitaṛum vadanam
dēvikkoru pōlezhu guṇam
gajamṛga madanataram kōpam
ajanādikaḷ bhajitam (ādi)

Thou hast a radiant face and possess all the seven virtues in equal measure. Thy anger is like that of a mad elephant and Thou art worshipped by the Gods like Ajan.

tiriyuka mama hṛdi nī nityam
choriyuka sakala varam
karutukayagatiyayum vazhipōl
akhilāṇḍēśvariyē!
(ādi)

O Goddess of the Universe, dance in my heart always, granting me all boons. Kindly take into consideration this suppliant.

ĀDI PURŪṢA

ādi purūṣa ananta sayana
nāda svarūpa nara hari rūpa
hari nārāyaṇa hari nārāyaṇa
ammē nārāyaṇa lakṣmī nārāyaṇa

ādi purūṣa	The First Person
ananta sayana	Who rests on the Serpent Ananta (Time)
nāda svarūpa	Whose nature is Sound (OM).
nara hari rupa	Who manifested as a Man-Lion
hari	Savior of the distressed

nārāyaṇa	Who rests on the Primal Waters
ammē, lakṣmī	The Goddess Mother Lakshmi

ĀDIYIL PARAMĒṢVARIYĒ

ādiyil paramēṣvariyē
akhila lōka jananiyē
ārumilla gati enikku
ammayallātīyulakiṅkal (ādiyil)

O Primal Supreme Goddess, O Mother of all the worlds, I have no goal in this world other than Mother.

pālikkunnu mūnnu lōkangaḷ
nīlavāri jalōchanayamma
mālakattu kalē! kamalālayē!
mūla kāriṇī! māyē manōharē! (ādiyil)

Mother, of beautiful eyes like the petals of a blue lotus, preserves the three worlds. O Dweller in the lotus, Maya, O Beautiful One, the Source of everything, rid me of all sorrows.

kāttukoḷḷaṇam enne kṛpāmayī
ārttināśinī samsāra tāriṇī
bhakti, mukti pradāyinī ambikē!
kīrtti rūpiṇī kārttyāyanī namaḥ (ādiyil)

Protect me, O Kind One, O Destroyer of greed, who takes one across the tract of transmigration. O Mother, giver of devotion and liberation, O Far-famed One, Katyayani, I bow to Thee.

viṣṭapē! sarva buddhiyum, vidyayum
tuṣṭi, puṣṭiyum, sṛṣṭiyum nī tanne
iṣṭa sādhikē dhārṣṭya makattiyen
kliṣṭatapōvān chittē vasikkaṇam (ādiyil)

O Goddess of the earth who art Wisdom and Knowledge, delight, nourishment and creation are Thee only. O Fulfiller of desires, ridding me of pride, dwell in my mind in order to remove my distress.

ĀGAMĀNTAPPORUḶE

āgamāntapporuḷē jaganmayī
āraṛiyunnu ninne vidyāmayī
ānandātmikē nityē nirāmayī
ādiśakti parāśakti pāhimām

O Essence of the Agamas (revealed Scriptures), Thou who fillest the universe, who knows Thee who art full of Wisdom? O Self of Bliss, Eternal Being devoid of sorrow, O Primal Power, Supreme Power, protect me.

sarvāntaranga nivāsini sarvajña
nirvāṇa saukhya pradāna parāyaṇi
duṣṭarkkorikkalum kandukiṭṭāttavaḷ
śiṣṭartan dhyānattilennum viḷaṅguvōḷ
(āgamānta)

Thou art the Dweller in all hearts knowing all, eager to offer the bliss of Liberation, who cannot be seen by the wicked but who always shines in the meditation of the virtuous.

satvādi śaktiyāl lōkaṅgaḷokkeyum
kāttu kalpāntamellāmazhikkuvōḷ
apparā śakti dēvī bhagavatī
kelppunalkuken buddhikkanāratam
(āgamānta)

Protecting all the worlds with potencies like sattva, Deliverer from the Universal Deluge, O Powerful Goddess, strengthen my intellect always.

nityayāyi niṟaññu viḷangunna
satyarūpiṇi dēvī sanātanī
martyaril mandanennil teḷiññu nī
mukti mārgam paṟaññu tannīṭaṇam (āgamānta)

O Thou who shinest forth in full in the form of Eternal Truth, O Devi, Eternal One, showing the Path of Salvation, shine in me who am a dullard among mankind.

ipparā śaktiyāṇidrādi dēvakaḷ
keppōzhum māśraya bhūtayāyuḷḷavaḷ
pāriloruvanāru bhavadīya
pārāvāra samānta ralīlakaḷ (āgamānta)

This Supreme Power is the Support of all the gods like Indra who perform Thy actions which are comparable to the ocean.

vyaktamāyippaṟayunnu nityavum
chittil vannu teḷiyukayambikē
tval charitrangaḷ vazhttāneṭukkuka
muktayākkukī māyayil ninnu nī (āgamānta)

Clearly I tell Thee, Mother. Deign to enter and shine in my heart. Choose me to praise Thy story and liberate me from this Maya.

ikkanda nānā charācharam okkeyum
en mahādēvī nin līlakaḷ niśchayam
mūrttikaḷ mūvarum vāzhttum kazhaliṇa
mārttya nāmi vanennum namikkunnu
(āgamānta)

O Supreme Power, all these various mobile and immoblie things are surely Thy own Play (Lila). Mankind bows always to Thy Feet which are adored by the Three Gods (Brahma, Vishnu, Maheshvara).

ĀGATANĀYI

āgatanāyi āgatanāyi viṣṇu dēvan
āśamsakaḷ nalkuka nām dēvanu nityam
lōkādhi nāyakan vannallō
lōkatti nāśvāsamēkuvānāyi (āgatanāyi)

Lord Vishnu has come! Lord Vishnu has come! Let us offer worship to the Lord always. The Supreme Lord of the world has come for giving comfort to the world.

mannil vāzhum marttyaruṭe klēśa makattān
mannilekkitā dēvan vannu nilkkunnu
śānti nāyakan dēvan kāruṇya pūrṇnan
mōkṣa mārggamēkuvānāyi vanniṛaṅgiyō
(āgatanāyi)

The Lord has come to the earth to rid the men of earth of sorrow. Has the Lord of Peace, full of compassion, descended to show the way to Release?

ĀJĪVANĀNTAM

ājīvanāntam bhajikkyām ñān
ātaṅkaminnu nī tīrttu tarū
ādi parāśaktiyāya dēvī
āmayam nīkki anugrahikkū (ājīva)

I will worship till the end of my life but rid me of my sorrow today. O Goddess, Primal Supreme Power, bless me, remove my grief.

sarvā bhīṣṭavum nalkumammē
sarvārtthasādhikē lōkamātē
sarvāvalambayām śaktirūpē
śarvarī śāśvatē satyamūrttē (ājīva)

O Mother Who grants all desires, O Universal Maya Who fulfills all desires, Thy Form is Energy, the Support of all, Parvathi, the eternal Embodiment of Truth.

tyāgaṅgaḷetra sahikkunnu ñān
tāmasamentē kaṭākṣikkuvān
tāyē nin māyayil āzhttiṭollē
tāvaka pādam namāmi nityam (ājīva)

How many sufferings I am bearing Why art Thou delaying to cast Thy gracious glance? O Mother, drown me not in Thy Maya. I bow to Thy Feet always.

AKALATTĀ KŌVILIL

akalattā kōvilil oru tiri prabhayennum
aṇayā tirunnirunnū
iruḷilppeṭṭuzhalunna manujarkku vazhi kāṭṭān
kanivārnnirunnirunnu, ammā
kanivārnnirunnirunnu

In a distant temple a wick was kept ever burning in order to guide the human beings groping in the darkness. In this way Mother had been showing Her compassion.

oru dinamatu vazhi alayumpozhenneyā
prabhāmayi māṭi viḷichū
tiru naṭa tuṟannamma kaḷabha meṭuttente
neṟukayil aṇiyichū nerukayil aṇiyichu

One day when I was wandering along that path, that Radiant One beckoned me with Her hand. Opening the sacred door and taking some holy ash, She smeared it on my forehead.

hari gīta svaramūti tirumṛdu karataril
mayaṅguvān iṭamorukkī
oru nava svapnamenarikattu vanniru-
nnoru satya muracheytu oru satya muracheytu

Singing the songs of God, She made a place for me to sleep with Her own soft hands. A novel kind of dream came to me declaring a truth, declaring a truth:

karayunna tiniyentin akhilēśi tiruppāda-
ttaṇaññenna taṛiññillayō
oru neṭu vīrppumāyuṇarnniṭṭā mukha patmam
teḷivōṭe kaṇikandū ñān
teḷivōṭe kaṇikandū

"Why are you crying? Don't you know that you have reached near the Holy Feet of the Lord?" Waking with a sigh, I saw that Lotus Face clearly, I saw it clearly.

AKALE AKALE

akale akale oru maṇi nādam
kēḷkkunnu praṇavamām śankhu nādam
akalekkāṇunna malamukaḷil
tāyi karumāritan śrī kōvil

From afar comes the sound of the ringing of a bell. Hear also the sound of the blowing of a conch. Yes, it is from the shrine of Mother Karumari1 on the top of yonder mountain.

manassoru kōvil dēvī tannālayam
rāgādikaḷāl oru bhrāntālayam
iṭamillāteyen tāyipinmāṛi
akaleyakannu pōyi tāyi karumāri

Mind is a temple, abode of the Divine Mother. But it has become a lunatic asylum due to passions like attraction and repulsion. Finding no place for Herself, Mother Karumari has gone away.

akale maṇi nādam muzhangunnu
manassine māriyamman viḷikkunnu

The bell is ringing in the distance. Mother Mariyamma is calling the mind.

tāyi tannu sangītam tāyē maṛannu nī
kāminī stuti pāṭum kāmākṣi manassē
kāmākṣiye bhajikkū kāmam tyajichu nī
śāśvatānandam bhujikku manassē

It is the Divine Mother who gave the power to sing, but forgetting Mother, the mind is singing praises to the girlfriend. Give up desires and worship Mother Kamakshi, that you may enjoy lasting bliss.

akale maṇi nādam - muzhangunnū
manassine māriyamman viḷikkunnu

The bell is ringing in the distance. Mother Mariyamman is calling the mind.

bhajikkān kōvilil ēkantatayil
vaḷarān pāitalāyi en tāyi maṭiyil
varamaruḷukayammē ninnil aliyān
nin amṛtānandam nitarām nukarān

Bless me to adore the Mother in a temple, in solitude, to grow up as a child in the lap of my Mother. Bless me that I may merge in Thee and drink forever the nectar of Thy Eternal Bliss.

kāmini kāñchanam akalēṇam
manassil māriyamman teḷiyēṇam

Bless me that lust and greed depart and Mother shines bright in the mind.

ATBHUTA CHARITRĒ

(pronounced as albhuta charitrē)

atbhuta charitrē amaravanditē
tvatpada bhaktikkāyi kelpu nalkaṇē
andhatayāl cheyta karmangaḷ - ārtta
bandhuvām ninnilitā arppikkunnēn
akṣamayāl chonna jalpanamokkeyum
ikṣiti nāthē kṣamikkaṇē

O Thou to whom the celestials bow down, whose tale is wonderful, grant us the strength to be devoted to Thy Feet. We offer Thee all our actions done in the darkness of ignorance, O Protector of the distressed. Forgive us for all our impatient utterances, Ruler of the Universe.

phulla bāla ravikatirpōl ambikē
ulla sicchiṭēṇamente hṛttaṭē
tellubhēda buddhi tanniṭāte nī
tulya bhāva bōdham ēkiṭēṇamē

O Mother, please shine in my heart like the rising sun at dawn and give me a mind having equal vision devoid of the differentiating intellect.

sarva karma puṇya pāpa kāriṇī
sarva bandha bhēdinī mahēśvarī
sarva tattva sāra mukta pātayil
dharma mūla pāda rakṣayekaṇē!

O Great Goddess, the Cause of all actions both sinful and virtuous, the Liberator from all bondage, give me the protecting sandals (shoes) of basic virtues on the path of Release, the essence of all principles.

AMBĀ BHAVĀNI JAYA

ambā bhavāni jaya jagadambē
ambā bhavāni jaya jagadambē
ambā bhavāni jaya jagadambē
ambā bhavāni jaya jagadambē

Victory to the Mother, Consort of Bhava (Lord Shiva), Mother of the Universe!

AMBĀ BHAVĀNI ŚĀRADĒ

ambā bhavānī śāradē
jagadambā bhavānī śāradē

Mother, Consort of Bhava (Shiva), Goddess of Wisdom.

sāhītya raśa pāna saraśa ullāsinī
kavi jana bhūṣinī kāma vilōchanī

Drinker of the juice of Literature, possessing humour, Ornament of poets, Lotus-eyed One,

sṛngāra raśa pāna vāṇi girvāni
sarva vēda raśa pāna sarasauḷḷāsinī

Who relishes the sentiment of love, Goddess of Sanskrit. Relishing the Essence of all the Vedas,

sangīta nāda prīya nāda tanūmayī
ratna hari śōbhinī rājivalōchanī

Lover of music whose body is Sound itself, shining Gem, Lotus-eyed One,

vāgme vachāli vāchāmagōcharī
uḷḷa lōchanī uḷḷa vānantanī

Source of speech yet unreachable through words, having beautiful eyes, Infinite,

hamsa lōlanī sadā pāni
pani gaṇa bhūshanī ṛṣi gana sēvitā

Ever playing in the minds of sages, adorned with serpents, served by the sages,

satchid ānandinī sādhu rakṣinī
nandini ānandinī satchid ānandinī

Existence, Awareness, Bliss, Saviour of the saints, Blissful One, the Absolute Reality.

AMBĀ MĀTĀ

ambā mātā jaganmātā
vīramātā satya prēmadātā

O Divine Mother, Mother of the World, O Most Courageous Mother, Giver of Truth and Divine Love.

ambā mayī jaganmayī
vīra mayī satya prēmamayī
(amṛtamayī satya prēmamayī
amṛtamayī visva premamayi)

O Thou Who art the Universe Itself, Courage, Truth and Divine Love Itself. (Amritamayi, Giver of Truth, and Divine Love.)

AMBĀ SAHITA

ambā sahita mahādēva
jagadambā sahita mahādēva
hara hara śaṅkara mahādēva
girijā ramaṇa sadāśiva

O Great God with the Mother, O Great God with the Mother of the World, the Destroyer, Auspicious Great God, born of the Mountain (Devi, Daughter of Himavan), the Sweet One, The Ever-Auspicious.

AMBIKĒ DĒVI

ambikē dēvī jagannāyikē namaskāram
śarmadāyikē śivē santatam namaskāram
ambikē dēvī jagannāyikē namaskāram

O Mother, Goddess of the Universe, I ow before Thee. O Giver of happiness, I bow before Thee.

śānti rūpiṇī sarva vyāpinī mahāmāyē
antādi hīnē ātmā rūpiṇī namaskāram

O Thou whose form is Peace, Who is omnipresent, Thou art the Great Deluder, without beginning and end. O Thou whose form is of the Self, I bow before Thee.

ēvarkkum gatiyamma ētinum avalambam
pāvanī durgē bhakta vatsalē namaskāram

O Mother, Thou art the sole Refuge and Support for everyone. O Durga, O Pure One who art most affectionate to Thy devotees, I bow before Thee.

buddhiyum aṛivum nī vākkum ambika tannē
chittatte nayippatum aviṭunnallō dēvī

Intelligence, knowledge, and speech, all are Thee only. O Devi, it is Thou who leadest the mind.

mangaḷ ātmikē satyam īvidha mirikkyumbō-
ḷengane vāzhttum ninne īśvarī (chinmayī)
namaskāram

O Goddess, Thy very nature is Auspiciousness. Being the Truth, how can I adore Thee? My salutations to Thee.

enguñānahō mandan, ānanda svarūpiṇī
enguvān bhavarōga bhēṣajam bhavadrūpam

O Blissful One, I am a dullard standing at a low level. Everywhere I am seeing the disease of repeated births and deaths. Thy Divine Form is the only remedy.

niṅkalanvaham chittam niṛuttum bhaktanmāril
vankanīvati vēgam ambanī choriyunnu

Shower Thy mercy without delay on those devotees who incessantly fix their minds on Thee.

sēvanōchītam bīja mantram ñān aṛivīla
bhāvanaykkangēppuṛam prābhavam bhavadīyam!

I do not know the appropriate bija mantras for serving Thee. Thy glory is beyond imagination.

AMBIKĒ JAGADAMBIKĒ

ambikē jagadambikē
umā mahēśvarī jagadambikē
ambikē mūkambikē
ambā paramēśvarī mūkambikē
kadambarī ambā svētāmbarī
hari sōdari ambā śiva śankarī
hari sōdari ambā śiva śankarī

mahēśvarī ambā jagadīśvarī
sarvēśvarī akhila lōkeśvarī
sarvēśvarī akhila lōkeśvarī

ambikē	Mother
jagadambikē	Mother of the Universe
umā mahēśvarī	The Great Goddess Who dissolves the universe into Herself

paramēśvarī	Supreme Goddess
mūkambikē	Mother Goddess at Mukambika Temple
kadambarī	Who resides in a forest of Kadamba trees
svētāmbarī	Clothed in white
hari sōdari	Sister of Lord Vishnu
śiva śankarī	Bestower of auspiciousness
mahēśvarī	Great Goddess
jagadīśvarī	Goddess of the Universe
sarvēśvarī	Goddess lording over all
akhila lōkēśvarī	Goddess of the entire universe

AMMA AMMA TĀYĒ

ammā ammā tāyē
akhilāṇḍēśvarī nīyē
anna pūrṇṇēśvarī tāyē
ādi parāśaktī nīyē
ammammā ammā ammā tāyē

O Mother, Mother, dear Divine Mother, Goddess of the Universe, Giver of food to all creatures, Thou art the Primal Supreme Power.

īmmānilattil ellām amma
naṭakkutammā untan āṭalināl (ammā)

Everything in the world happens because of Your Divine Play.

rakṣikka vēndum ammā ammammā - (2)
kukṣiyil chumakkāmal kōṭi
lakṣam uyirkaḷ īntāyi (rakṣikka)

Protect me Mother, O Mother, protect me. Without conceiving in the womb, You have given birth to millions and millions of beings.

pakṣi vāhananin sōdari saundarī
peṭra mutal unne pāṭīṭuvēn
pari pūraṇī kāraṇī nāyakī nīyē

O Sister of Lord Vishnu Who rides the bird Garuda, O Beautiful One, from birth itself I am singing Your glories. Thou art the Perfect One, Primordial Cause, the Destroyer.

lakṣiyam enakku nīyē ammā ammā
alakṣiyam cheytīṭāte
jagadēśvarī (or laḷitēśvarī) tāye bhuvanēśvarī nīyē
kachhai kaṭṭi enne nī ammā ammā
kavalaippaṭutta eṇṇināl
kattiṭuvār yārō
kāmākṣi mīnākṣi nī sākṣī (rakṣikka)

Thou art my life's Goal, O Mother. Ignore me not, O Goddess of the World. Thou art the Goddess Lalita, Ruler of the World. O Mother, if Thou throwest me into troubles again and again, who else is there to protect me? O Mother with the enchanting eyes, Thou art the Omnipresent witness of all.

AMMA NIN RŪPAM

ammā nin rūpam ennuḷḷil teḷiyēṇamē
nin darśanam nalkīṭuvān
ammā nī kaniyēṇamē

Mother, let Thy Form become clear in my mind. Be compassionate and give the Vision of Thy Form.

satyam maṟaññu nilkunnu nin māyayālambikē
iruḷil tappittaṭayunnu andhanāyi ñān kālikē
mōhavum rāgadvēṣavumenne marddikkunnu
vazhi kāṭṭuvān gatiyēkuvān ammā nī kaniyēṇamē

Truth lies concealed by Thy deluding power, O Ambika! And blinded, I grope in the dark, Destroyer of ignorance! Delusion, likes and dislikes torment me! Mother, kindly show the way and take me to my Goal.

tanayante kaṇṇīru kandālum
mātṛ hṛdayam aliyukillē
ārōrumillāta paitalināyi
ammē nin kṛpa choriyukillē
ātmadāham tīrkkuvān
ente amāntamammē
sāyujyam nalkīṭuvān
ammā nī kaniyēṇamē

Though seeing Thy son's tears, why doesn't Thy maternal heart melt? Will Thou not show compassion to a child who has no one, O Mother? Why delay in quenching my thirst for the Self, O Mother? Be compassionate and grant Eternal Union with Thee, O Mother.

AMMATAN NĀMAM

ammatan nāmam kēlkkumbōḷ kaṇṇīr
pozhikkum kaṇṇukaḷ nalkukammē

Give me, O Mother, those eyes which shed tears when Thy Name is heard.

ammayē ōrkkaṇam prāṇan pōkumbōḷ
kāikūppi ammē nārāyaṇā ennu
viḷikkum sanmanam nalkukammē

I want to remember Thee, Mother, when my life departs. Give me a mind which cries, "Amme Narayana" with folded hands.

ammē nārāyaṇā dēvī nārāyaṇā
lakṣmī nārāyaṇā bhadrē nārāyaṇā
prāṇan pōkumbōḷ ammayē ōrkkuvān
nityam ammaye smarikkēṇam
ellām ammatan rūpamāyi kāṇēṇam
kaṇṇinum kaṇṇāyenṛammaye uḷḷil
kāṇuvānuḷkkaṇṇēkū ammē

If one wants to remember Mother when life departs, one must constantly think of Her and see all as so many forms of Her. O my Mother, give me the inner eye to see Thee, the Eye of my eyes.

anantamāmen ammaye ennil
ninnannyamāyi kandāl sadgatiyilla
dvaitabhāvam pōkate śāntiyilla
tattvattil bhakti undākuvān ammatan
pādāravindam praṇamikkunnu

If I see Thee, my Mother, the Infinite, as different from my Self, then I do not gain the true end. There can be no peace if the feeling of duality persists. In order to get devotion to the Ideal, the Supreme that Mother represents, I prostrate at Her Lotus Feet.

uḷḷil amma teḷiyumbōḷ bāhya-
prapañcham svapnam pōl māññupōkum
ente ammayil appōḷ ñān layikkum
brahmasatyam jaganmithyannāvākyam
ennil appōḷ vyaktamākum

When Mother shines clearly within, this external world will dissolve like a dream. Then will I merge in my Mother and the meaning of the statement, "Brahman is Truth, the world is unreal" will become clear.

AMMAYALLĒ ENTAMMAYALLĒ

ammayallē entammayallē
kaṇṇīr tuṭaykkum ponnammayallē (ammayallē)

Aren't Thou my Mother, O aren't Thou my dear Mother who wipes away the tears?

īrēzhulakinum ammayallē nī
ī viśva kārīṇi nī ammayallē
etranāḷāyi viḷikkunnu ninne ñān
śakti svarūpiṇī nī varillē (ammayallē)

Aren't Thou the Mother of the 14 worlds, the Creatress of the world? Since how many days I am calling Thee, O Thou whose nature Shakti (energy). Won't Thou come?

sṛṣṭi sthitilaya samhāram okkeyum
iṣṭadāna priyē ninnilallē
etranāḷāyi viḷikkunnu ninne ñān
śakti svarūpiṇī nī varillē (ammayallē)

O Thou who loves to give the desired things, are not Creation, Preservation and Destruction in Thee? Since how many days.

pañca bhūtaṅgaḷum bhūta samastavum
tātanum tāyum nī tanneyallē
etranāḷāyi viḷikkunnu ninne ñān
śakti svarūpiṇī nī varillē (ammayallē)

Aren't Thou not the Father, Mother, the Five Elements and the entire world? Since how many days.

vēdavum śāstravum vēdānta vēdyavum
ādi madhyāntavum ninnilallē
etranāḷāyi viḷikkunnu ninne ñān
śakti svarūpiṇī nī varillē (ammayallē)

Aren't the Vedas, Scriptures, Knowledge of Vedanta, the beginning, middle and end all in Thee? Since how many days.

AMMAYENNUḶḶORĀ

ammayennuḷḷorā tēnmozhikkokkumō
pinnuḷḷa nēkāyiram padaṅgaḷ?
undō manuṣyante chintaykku taṇguvān
nin snēhamaṇḍalam viṭṭorēṭam? (amma)

Do thousands of other words have the flavour and beauty of the sweet word 'Amma'? Is there any other place for one's thoughts to revel except in the sphere of Thy Love?

ēkāntarāvinte tīrattalayumī
ezhayāmenne nīyōrttiṭāyikil
tīrāvyathakaḷkuvāzhān niyuktamāyi-
tīrumen mānasōdyānarangam (amma)

O Mother, if Thou dost not remember this helpless one who resides on the banks of lonely, silent nights, this garden of the mind will become the residence of endless misery.

antarangattinnagādha duḥkhangaḷe
bandhu nī tanozhiññārariṽū?
ninne bhajippavar nindyarāyttīrukil
nin pādachintaykkorartthamentu? (amma)

Who else but Thou, my relative, will knowest the great sorrow inside me. If Thy devotees become despicable then is there any meaning meditating on Thy Holy Feet?

dhanyatā pūrṇṇa prakāśamē nin mizhi-
tumbinālonnuzhiyēṇam enne;
annēramātmāvilānandapīyūṣa
srōtassiluṭe ñān chērnnozhukum (amma)

O blessed Light! caress me with a glance from the corner of Thy eyes. Then, my soul will enjoy of the ambrosia of bliss.

AMMAYENNUḶḶORU

ammayennuḷḷoru nāmamōrttīṭavē
rōmāñcamākunna tentē?
'amma-ennamma' ī chintayilinnu ñān
ellām maṟakkunnatentē?

Why is it that my hairs stand on end when I happen to remember the word 'Amma'? Why am I forgetting everything else when I think of Mother, my Mother?

dāhavumilla viśappumillinnahō
snānādiyum viṭṭu pōyi
nāḷum maṟannu pōyi rāvum maṟannu pōyi
ammayil ellām maṟannu (ammayen)

Thirst and hunger have left me. I have also forgotten my daily bath. I know not what is the day or date. I have forgotten everything in the thought of Mother.

nīlām budhiyilum nīlāmbudattilum
svētāmbarattilum nōkki
kambitagātravumāyi nilkkumen manam
tēṅgippiṭayunnatentē? (ammayen)

What is my mind pining for and why is my body trembling when I look at the blue sea, the blue clouds and the white sky?

ammaye kāṇāttorādhiyām bhāskkaran
kattijvalichu nilkkumbōḷ
ikkoṭum vēnalil tōrāte kaṇṇukaḷ
pēmāri peyyunnatente (ammayen)

How is it that water gushes from my eyes when the sun of the agony of not being able to see Mother is burning intensely in the hot summer?

'omkārattin poruḷ ōmana makkaḷē
omkāra māyiṭṭu tīrū'
ammatan tenmozhiyōrttōrttunilkkumen
ātmāvilunmādamentē? (ammayen)

'O my darling child, the essence of OM, become one with OM'. My soul is becoming ecstatic when I remember these words of Mother.

nīṛum manassukaḷkāsvāsadāyakam
amma tan mōhana rūpam
enninikkandiṭum ennamma vanniṭum
ennilinnonnē vichāram (ammayen)

Mother's sweet form is a solace to suffering minds. Now my only thought is when will I see Her again. When will Mother come to me?

AMMAYIL MĀNASAM

ammayil mānasam chērnnū - ente
jīvitam dhanyamāyittīrnnu ammē
jīvitam dhanyamāyittīrnnu

My mind is immersed in Mother. O Mother, my life has become fulfilled.

ninnil ninnanyamāyi tōnnunnatonnilum
tangunnatillente uḷḷam - ammē
tangunnatillente uḷḷam

O Mother, my mind is not staying in anything other than Thee.

mōhamengu rāgadvēṣamengu, ingu
svantamākkānonnum illayeṅkil
kṣanam māṛi maṛayumī dukḥhabhūvil
kṣanam māṛi maṛayumī dukḥhabhūvil

Where is desire and where is attraction or aversion if there is nothing worthwhile to make ones own on this sad earth which changes and vanishes all too sudden?

bhōgattinoṭṭēṛe kaṇṇīr choriñña ñān
ammē ninnakkāyiṭṭinnu kēzhām
prēma sāgaram kaṇṇīral ñān rachikkām
prēma sāgaram kaṇṇīral ñān rachikkām

O Mother, I, who have shed many tears for worldly enjoyments, will today cry for Thee. With tears I will create an ocean of love.

nirmala prēmam ennammayil mātramāyi
bandhichu badhanāyi ammayil ñān
ahō bandhanam muktiyāyi tīrnnuvennō?
ahō bandhanam muktiyāyi tīrnnuvennō?

I have become bound to Mother. Binding my pure love to Her, O wonder! my bondage has become salvation!

amma mātram enikkamma mātram
ennumāprēmarāśi tannāśa mātram
ente ātmāvin mantramāyettīrnnuvallō
ente ātmāvin mantramāyettīrnnuvallō

I have only Mother. I want Mother and the rays of Her Love. This has become the sole mantra of my soul.

AMMĒ BHAGAVATĪ

ammē bhagavatī nityakanyē dēvī
enne kaṭākṣippān kumbiṭunnēn

O Mother Divine, the Eternal Virgin, I bow to Thee for Thy gracious glance.

māyē jagattinte tāyē chidānanda
priyē mahēśvarī kumbiṭunnēn

O Maya, Mother of the Universe, O Pure Awareness-Bliss, O Beloved Great Goddess, I bow to Thee.

bālē chaturvvēdamūla mantrākṣarī
mēlē mēlē ninne kumbiṭunnēn

O Source of all the mantras in the Four Vedas, I bow to Thee again and again.

ōmkarakkūṭṭile paiṅkiḷippaitalē
nin kāliṇayitā kumbiṭunnēn

O Thou, the parrot in the nest of Omkara, I bow to Thy Feet.

nān mukhan tan mukha paṅkaja vāsinī
nān maṟakkātalē kumbiṭunnēn

O Thou Who dwellest in the lotus face of Lord Brahma, O Essence of the Four Vedas, I bow to Thee.

nānā nigamōdyānattil madīchiṭṭu
gānam muzhakkunna kōkilamē

Thou art the cuckoo singing intoxicated and sporting in the garden of the various Scriptures. I bow to Thee.

bhārga viyāyatum pārvatīyāyatum
durgābhagavatī nītānallō

O Goddess Durga, it is Thou Who became Bhargavi and Parvati.

mūrttikaḷ mūvarum dēvatā saṅghavum
kārttyāyanī śakti nītānallō

O Katyayani, O Shakti, Thou art the Three Murtis (Brahma, Vishnu and Shiva) and the host of other gods.

chchāyā svarūpiṇī chaitanya kāriṇī
māyāmayē dēvī kumbiṭunnēn

O Thou whose nature is as the shadow of the Real, the Cause of Life, O Thou who art full of Maya, I bow to Thee.

lōkam chamaykkayum rakṣicchazhikkayum
lōkeśvarī ninte līlayallō

O Goddess of the world, it is just Thy play to create the world and save it by undoing it.

bālē manōnmaṇi ponnammē ninnuṭe
līlayil ñānu maṇuvutannē

O Mind of the mind, O Dearest Mother, I am just a mere worm in Thy play.

tānonnum cheyyāte sarvam cheytīṭunna
dīnadayālō tozhunnēn ninne

O Thou who art merciful to the afflicted, who doest everything without doing anything, I bow to Thee.

brahmāṇḍa kōṭikaḷ sēvichīṭunnāru
brahma svarūpiṇi kumbiṭunnēn

O Thou of the nature of Brahman, who serves tens of millions of universes, I bow to Thee.

lūtam kaṇakke bhuvanam chamaykkunna
mātāvē nin pādam kumbiṭunnēn

O Mother who creates the world like a spider, I bow to Thy Feet.

kāḷī karāḷī mahiṣaghni śaṅkarī
nāḷī kalōchanē kumbiṭunnēn

O Kali of black hue, Destroyer of the demon Mahisha, Sankari, whose eyes are like the petals of a lotus, I bow to Thee.

kaumārī saṅkaṭa nāśini bhāskarī

bhīmātmajē ninne kumbiṭunnēn

O Thou who art ever young, Destroyer of sorrow, O Thou of Great Soul, Bhaskari, I bow to Thee.

āpattu nīkki tuṇacheyken ambikē
nin pattu sampattu nalkiṭēṇam

O my Mother, save us by removing all dangers and give us the ten kinds of wealth.

AMMĒ BHAGAVATĪ KĀLIMĀTE

ammē bhagavatī kāḷi mātē!
ninne ñāninnu piṭicchu tinnum
onni vanōtunnu amma nī kēḷ
gaṇḍāntamuḷḷa piṟaviyāṇē!

O Mother, Supreme Goddess Kali, today I will catch hold of You and devour You! Hear what I am saying! I was born under the star of death!

gaṇḍāntayōgam piṟanna piḷḷa
taḷḷaye tinnunna piḷḷayāṇē
onnukilenna nī tinniṭēṇam
allāyikilinnu ñān ninne tinnum

A child born under such a planetary conjunction devours its own mother. So, either You eat me or I will eat You today itself!

randil ēteṅkilum onnaṟiññē
mindātini mēlil ñānaṭangū
kayyum mukhavum itennu vēnda
meyyilumāke kari puranden;

I am not going to keep quiet unless I know of Your choice. As You are black, that blackness will rub off all over my body.

kōlum kayaṛumāyi vannu kālan
chālē kāyariṭṭu cuttiṭumbōḷ
mēlāke mellayuzhiññuṭan ñān
kālan mukhattu kari puraṭṭum

When Kala, Lord of Death, comes with the rope and rod and tries to catch me in His noose, I will smear the black ash from my body onto His face!

kāḷiyeyuḷḷilotukkiyōn ñān
kālante kāyyil kuruṅgumennō
kāḷi tan nāmam japichu kondu
kālante nēre ñān gōṣṭi kāṭṭum

How can I, who have contained Kali within me, be caught in the hand of Death? Chanting the Name of 'Kali', I will mock at Kāla (Death)!

AMMĒKAṆṆU TURAKKŪLĒ

ammē kaṇṇuturakkūlē
andhata māttān varikillē
āyiramāyiram akhaṇḍa nāmangaḷ
ādaravāyi ñān chollīṭām

O Mother, won't Thou open Thy eyes and come to remove the darkness? I will repeat Thy innumerable Names again and again.

ajñānikaḷuṭe lōkamitil
ajñata māttān mattāru
vijñānattin poruḷallē
nī viśva mahāmayi ammē **(ammē)**

In this ignorant world who else is there but Thee to remove the ignorance? Thou art the Essence of Knowledge and the Power behind this Universe.

bhakta priyayām amṛtēśvari
nin bhaktan māril kaniyillē
tṛppādattil namikkām ñangal,
tṛkkaṇpārkkukayillē (ammē)

Thou art dear to the devotees and art their very life blood. Won't Thou graciously glance at us who always bow down to Thy Feet?

saptaṛṣikaḷum ninnōmal
sūktam pāṭi naṭanillē
tapta manaskar ñangaḷ
viḷippū śaktimayī nī varukillē (ammē)

The Seven Sages are ever engaged in singing Thy praises and now we afflicted ones are calling to Thee. Won't Thou come?

AMMĒ UḶAKAM

ammē uḷakam aviṭutte kāivaśam
chemmē veṛumoru bhrāntālayam
nin snēhamākavē varṇṇippāninnivan
engane śāktanākum dēvī engane śāktanākum

O Mother, this universe of Thine is verily a madhouse. O Divine Mother, it is impossible for me to describe Thy Divine Love.

ninnōmal kāikaḷkonden chittatāriṅkal
prēma rasamūṭṭi nī dinavum
dēhātma bōdhattāl ēṛum ahammati
nīkki unmādamēkū ninṭe bhakti unmādamēkū

Please feed me daily with Thy own beautiful hand the nectar of love and thus remove my pride arising from the identification of the Self with the body and make me infatuated with that love.

kāḷiyennōtumbōḷ en nayanam sadā
kaṇṇīr pozhiykkumeṅkil
chuṭu kaṇṇīr pozhiykkumeṅkil
āgamakkātalē vēda vēdāntangaḷ
apradhānangaḷallō atu buddhiykku mātramallō

O Mother, the Inner Core of the Scriptures, if my eyes should shed tears of devotion when I utter the Name of Kali, then all the Scriptures would become secondary things fit only for the intellect.

AMṚTĀNANDA SVARŪPA

amṛtānanda svarūpa manōhari
mātā amṛtamayī
hṛdaya sarōruha daḷamatilennum
amṛtam tūkiyor amṛtamayī

Enchanter of the mind, whose nature is Immortal Bliss, O Ambrosial Mother, the petals of the heart lotus are ever sprinkled with nectar by You, ambrosial One.

praṇavapporuḷāyi vilasum tava mṛdu-
charaṇa sarōjam mama śaraṇam
taḷarum jīvanu taṇal aruḷīṭum
surataruvallō mama jananī (amṛtānanda)

Let Thy delicate Lotus Feet, which shine as the Essence of OM, be my refuge. To the weary soul Thou art the shade-giving Celestial Tree, aren't Thou, O my Mother?

janmāntarangaḷil mungum manujarkku
unnaṭi ennum nīyē
en mānasamatil ennum ninnuṭe
chinmaya bhāva muṇarttû dēvī (amṛtānanda)

For the man drowning in the repeated cycle of birth and death Thou art the refuge forever. May Thou always awaken in my mind Thy Divine Consciousness, O Devi.

AMṚTĀNANDAMAYĪ

amṛtānandamayī mātā
amarādhīśe namō namaḥ
akatāril vannudayam cheyyuka
amṛtānandamayī
mātā amṛtānandamayī (amṛtā)

To Mother Amritanandamayi, the Goddess of the Immortals, salutations again and again. May Thou dawn in my inner mind, O Mother Amritanandamayi!

aṛiyillammē vāzhttān ninnuṭe
apadānaṅgaḷa mōghaṅgaḷ
amalē - tavatiru vachanam tanayark-
amṛtam, jīvanu kuḷir mēgham (amṛtā)

O Mother, I don't know how to sing Thy sinless praises. O Pure One, Thy holy words are nectar to Thy children and are to life as cool clouds.

virāgiṇi vidhi nandini
viśva vimōhini naṭanam tuṭarū
sudhāmayī mṛdu smitā bhayālē
sudhārasam tuḷumbunnuḷḷam (amṛtā)

O Detached One, Bestower of destiny, Universal Enchantress, continue Thy dance. O Ambrosial One, by the radiance of hy gentle smile my heart is overflowing with sweet nectar.

snēha manantamām śaktiyen en amma
ōtunnu pratyakṣa mākkiṭunnu
ammatan vātsalya dugdham nukarunna
dhanyarkku mattenṭu bandhanaṅgaḷ! (amṛtā)

"Love is eternal power", thus saith my Mother and She shows it to be so. For the blessed ones who have drunk the milk of Mother's divine Love, what other bonds are left?

āturan ālamba hīna navaśanum
āśrayam amma tan snēha mantram
ajñāna sindhuvil vīṇuzhalunna vark-
ālambam aviṭutte jñāna mantram (amṛtā)

For the afflicted, Mother's words of love, the prop of the weak, are their only support. For those who are fallen and struggling in the Ocean of Ignorance, Thy words of wisdom are the only support.

ĀNANDAMAYĪ

ānandamayī brahmamayī
amṛtānandamayī brahmamayī
atulita saundarya rūpiṇī
ānandamayī brahmamayī (ānandamayī)

O Blissful One, O Absolute One, O Blissful One, O Absolute One, Whose form is of unsurpassed beauty. O Blissful One, O Absolute One.

ārādhāraṅgaḷ kaṭannu yōgikaḷ
amūlya nidhi ninne aṛiyunnu

analpa śaktī ninnuṭe prābhavam
avarum alpam aṛiyunnu (ānandamayī)

Crossing the six mystic centers, the yogis come to know Thee, the invaluable Treasure. Thy Glory, O Infinite Power, is however, only slightly known to them.

matavum jātiyum iviṭeyī marttyante
madamuyarttān mātram upakarichū
manuja mṛigādiyil okkeyum jīvanāyi
manassinte yaṭittaṭṭil nī śayippū (ānandamayī)

Religions and castes have only helped to increase the arrogance of man. As the Life of all humans and animals Thou rest at the bottom of the mind.

andhatayil uḷavām ī marubhūmiyil
āśakaḷ ellām maruppachakaḷ
aṛivinnuṛavē ninne aṛiyān
āśakaḷokkeyum tyajippikkanē (ānandamayī)

We wander blindly in deserts of darkness. And all desires are a mirage (in the desert). O fountain of knowledge! So that I may know Thee help me to renounce all desires.

ĀNANDĀMṚTA RŪPINI

ānandāmṛtā rūpini ammē akhilāndeśvariyē
ānandatiramālayil ninnathayenneyakattallē

O Immortal, Blissful Mother, Goddess of the Universe, deprive not Thy worthless child of bliss.

antakan antikasīmaniyetti
daṇḍhuchuzhattumbōḷ
nintiruvaṭimalarallātilloru
chintayenikkappōḷ

My mind knows naught but Thy Lotus Feet. The King of Death scowls at me terribly. Tell me Mother, what shall I say to Him?

ennōṭentoru tettinu bhīṣaṇi
hanta kathicchu kṛtāntan
chonnīṭuka nī ivanoṭu sadayam
bhairavi dēvi bhavāni

It was my hearts desire to sail my boat across the ocean of this mortal life, O Durga, with Thy Name upon my lips.

āzhām kāṇāttalakaṭalāmī
samsār ōrmmiyilenne
tāzhāniṭanīyākkiṭumennoru
nila ñān ōrttatum illē

I never dreamt that Thou wouldst drown me here in the dark waters of this shoreless sea.

nin tirunāma smaraṇam anāratam
entuvatundu hṛdantam
enniṭṭum punarenten svāntam
tāntamatāvu nitāntam

Both day and night I swim amongst its waves, chanting Thy saving Name, yet even so O Mother, there is no end to my grief.

durgati itu vidhamāṇī bhaktanu
tannaruḷīṭuvateṅkil
durgā nāmam murappatinarum
mutirukayilini mēlil

If I am drowned this time in such a plight, no one will ever chant Thy Name again.

ANANTAMĀM Ī LŌKATTIL

anantamām ī lōkattil oru
aṇuvāmī enne nī
āśvasippikkān varū daivamē
āśvasippikkān varū (ananta)

O Lord, come, come, to console me who am a mere atom in this infinite world.

innente munpil varēṇamē
innente duḥkham tīrttīṭēṇamē
īrēzhupatinālu lōkam bharikunna
īśvarā jagadīśvarā! (ananta)

O Lord, Lord of the Universe who reigns over the fourteen worlds, come before me today and end my sorrows.

uttama pāta nī kāṭṭittarū
uttama chintakaḷ mātram tarū
ūttam tōnnikkaruten manassil
ūrinnuṭayavan tamburānē! `(ananta)

Show me the sublime path. Give me only sublime thoughts. O Lord Who art the Creator of this world, may I never feel any pride in my mind.

ennennum nin gītam pāṭuvānum
ennennum en munnil kāṇuvānum
ēkāntamāyi ninne dhyānippānum
ēzhām svargasthā nī kāttiṭēṇē(ananta)

O Thou who exists in the seventh heaven, show me the way to sing Thy praises forever, to see Thee before me always and to meditate upon Thee in solitude.

ANGALLĀTI

Aṅgallātivanārundabhayam?
kaṇṇā! karaḷil kanaleriyunnu
kaṇṇan kaniyukil karuti kaniyukil
karaḷil vyasanamitentēyiniyum?

O Kanna, I have no other shelter than Thee. My heart is burning. If only Thou had showed mercy towards me and blessed me this grief would not have come to me.

andhata tīrkkum ambuja nayanan
anpiyalāyvatinentiha cheyvēn?
chintāmalartaḷirennum ninpada-
chentāmarataḷir tazhukayillē? (angallati

O Lotus-eyed One, Dispeller of darkness, why is it that Thou are not kind to me? Aren't my thoughts ever on Thy Lotus Feet?

chandrika sītaḷa mañjuḷa hāsa-
muntirinīril muzhukicchenne,
kaṇṇā kanivin pīyūṣattāl
vannen karaḷin daṇḍamozhikkū! (angallati)

O Kanna, put an end to this grief by bathing me in the moonlight of Thy smile and the nectar of Thy compassion.

ANUPAMA GUNA NILAYE

anupama guṇanilayē dēvi
aśaraṇa navalambam nīyē (anupama)

O Mother, O Goddess, the Abode of unique qualities, Thou art the Support of those who seek refuge.

āgama vinutē rāgavilōlē
ēkuka tava karuṇālēśam (anupama)

O Thou who art modcst duc to Thy wisdom and gentle due to love, give me a bit of Thy compassion.

aṛiyān āṛivūkaḷ illivanennatu
paṛayāta viṭunnaṛiyumallō (anupama)

Even without my saying it, know Thou not that I have no knowledge to know anything?

azhalāmāzhiyil vīzhumīyēzhaye
aṭiyiṇa kāṭṭi anugrahikkū (anupama)

Show Thy Feet and bless me who is falling into the ocean of misery.

ĀRATI

ōm jaya jaya jagad jananī vandē amṛtānandamayī
mangaḷa ārati mātaḥ bhavāni amṛtānandamayī
mātā amṛtanandamayi

Victory to the Mother of the Universe. Obeisance to Thee Amritanandamayi. Most auspicious arati to Thee, Mother Bhavani.

Jana mana nija śukhadāyini mātā
amṛtānandamayī
mangala kāriṇi vandē jananī amṛtānandamayi
mātā amṛtānandamayi

Adorations to the Giver of real happiness to the people, the Giver of all good things.

sakalāgama niga mādiṣu charitē amṛtānandamayī
nikhilāmaya hara jananī vandē amṛtānandamayī
mātā amṛtānandamayī

Thou art the One glorified in the Vedas and Sastras. Adorations to Thee who destroys all unhappiness.

prēma rasāmṛta varṣini mātā amṛtānandamayī
prēma bhakti sandāyini mātā amṛtānandamayī
mātā amṛtānandamayī

Thou pourest forth the nectar of Love, O Giver of unconditional Love.

śamadama dāyini manalaya kāriṇi
amṛtānandamayī
satatam mama hṛdi vasatām dēvi
amṛtānandamayī
mātā amṛtānandamayī

Thou art the Giver of inner and outer control. O Thou who dissolves the mind, O Devi, kindly reside always in my heart.

patitōdhāra nirantara hṛdayē amṛtānandamayī
paramahamsa pada nilayē dēvī amṛtānandamayī
mātā amṛtānandamayī

In Thy heart Thy aim is to lift the fallen ones. Established Thou art in the state of a Paramahamsa (Realised Soul).

hē jananī jani maraṇa nivāriṇi amṛtānandamayī
hē śrita jana paripālini jayatām amṛtānandamayī
mātā amṛtānandamayī

O Mother, who saves one from the cycle of birth and death, who fosters all those who seek Thy protection.

sura jana pūjita jaya jagadambā amṛtānandamayī
sahaja samādhi sudanyē dēvī amṛtānandamayī
mātā amṛtānandamayī

Thou art the One worshipped by the gods, fulfilled and established in the Natural State of samadhi.

ARIKIL UNDEṄKILUM

arikil undeṅkilum aṛiyān kazhiyāte
alayunnu ñān ammē
kaṇṇundennālum kāṇān kazhiyāte
tirayunnu ñān ninne ammē
tirayunnu ñān ammē

O Mother, even though Thou art near, I am wandering unable to know Thee. Even though I have eyes, I am searching unable to see Thee.

hēmantanīlaniśīthiniyil pūtta
vārtiṅkaḷ nīyāṇō
vānilettīṭuvān kazhiyāte tīrattil
talatallum tiramāla ñān ammē (arikil)

Art Thou the beautiful moon that blooms forth in the blue winter night? I am a wave that, unable to reach the sky, beats its head against the shore.

iha lōka śukham ellām vyārtthamāṇennuḷḷa
paramārttham ñān aṛiññappōḷ
iravum pakalum kaṇṇīrozhukki
ninneyaṛiyān kotichū ammē (arikil)

When I came to understand the truth that all worldly comforts are worthless, I longed to know Thee shedding tears day and night.

duhkhabhārattāl taḷarunnorenne nī
āsvasippikkān varillē?
ettīṭumennuḷḷa āśayōṭe ñān
nityavum kāttirikkunnu ammē (arikil)

Won't Thou come to comfort me who am weary of the burden of sorrow? With the desire that Thou wilt come, I am waiting always.

ĀZHIKULLIL

āzhikkuḷḷil dinakaran maṟaññu
aṇayunna pakalin tēṅgaluyarnnu
viśvaśilpiyuṭe vikṛtikaḷallē
viṣādam entinu naḷi naṅgaḷē! (āzhikkuḷḷil)

The sun has set in the western ocean and the day has started its lament. It is but the play of the Universal Architect so why should you, O closing lotuses, be dejected?

akhilāṇḍa rājande vinōdarangam
ī lōkam śōkapūrṇam
kaḷimarappāvayāyi ñānum karayuvān
kaṇṇunīr illātta śilayāyi (āzhikkuḷḷil)

This world, full of misery and sorrow, is but a drama of God and I, the onlooker, am but a wooden puppet in His hands having no tears to shed.

vērpāṭin vēdana uḷḷilotukki
tīnāḷamāyi eriyunnu enmanam
tīnāḷamāyi eriyunnu
tīrāduḥkha kaṭalin naṭuvil
tīram kāṇāt alayunnū (āzhikkuḷḷil)

Like a flame my mind is burning up in separation from Thee. In this ocean of grief I am getting tossed about unable to find the shore.

ĀRUṬE MAKKAḶ ÑANGAḶ

āruṭe makkaḷ ñaṅgaḷ ammē
āruṭe makkaḷ ñaṅgaḷ
entinu vēndiyitā ī
janmam ñaṅgaḷkku tannu

Whose children are we, Mother? Whose children are we? What for is this birth which Thou hast given to us?

ārōrum illātta ñān
ārennū chollittarū
ānanda lōkattil āṛāṭīṭān
ārōmalē nī varū

I have no one to call my own. Tell me who I am, that I may dance in bliss. O Blissful One, come, come.

antimayātrayil nī
ā kṛtyam nirvvahichu
ānanda lōkattil āṛāṭīṭān
ānandamāyi nī varū!

O Blissful Mother, when is the final journey? That I may dance in bliss, O Blissful One, come, come.

ARUṆA NIṚAKKATI

aruṇa niṛakkatiroḷiyil
amṛtozhukum mozhikaḷumāyi
adharattil puñjiritūki
aṇayukillē ammē aṇayukillē (aruṇa)

Radiating rays of red hue and uttering sweet words, O Mother, won't Thou come with that beaming smile on Thy lips?

jananī jani maraṇattirayil
jīvitamām naukakaḷanavadhi
nira nirayāyi takarunnu nī
ninaykka mūlam! nī ninaykka mūlam (aruṇa)

O Mother, by Thy Will alone so many ships of lives are breaking one by one on the waves of birth and death.

kūriruḷ mayamāmen hṛittil
rāgādikaḷ poruti varumpōl
nī rāgakkambikaḷ mīṭṭi
choriyukillē jñānam pakarukillē (aruṇa)

When emotions of attraction and repulsion fight within my mind filled with darkness, won't Thou pour out Knowledge while playing on the strings of Love?

maunattāl mandatayāyi
gānattāl garvvukaḷ nīngi
dhyānattinu dhanyatayēkān
tāmasamentē - tāyē tāmasam entē (aruṇa)

Making me calm through silence, ridding me of pride through prayer, O Mother, why delay in making my meditation blessed?

abhaya prada māmappādam
akamalaril teḷiyunnēram
aṟiyāttānanda nilāvāyi
pakarukillē -śyāmē paṭarukillē (aruṇa)

When Thy Feet that give refuge shine in the blossom of my heart, won't Thou inundate me with the moonlight of unknown Bliss, O Dark One?

ĀRUNDU CHOLLUVĀN

ārundu cholluvān ninnaṭuttambikē
kātara nākumen dīnā valōkanam?
prēma svarūpiṇī mānava nākumen
jīvitam īvidham tīrukayō vidhi?

O Mother, other than Thee, to whom can I tell my distress? O Thou whose nature is Love, is my fate that my human birth should end like this?

saṅkalppa gōpuram kallōlajālattāl
tallittakarkkunnatentē dayāmayī?
snēham pakarumā ponniḷam kaikonden
kaṇṇīr tuṭaykkuvān bhāvamillāykayō? (ārundu)

O Compassionate One, why art thou shattering the imaginary tower that I have raised? Aren't Thou ready to wipe my tears with Thy gentle hand that pours out love?

jātanāyi vannanāḷinnōḷavum bahu -
śōkam bhujichu ñān vannu ninnantikē
nīṟum manōvyātha āṟunnatinnamma
snēhakkatirvīśi chērkkumō nin padē (ārundu)

I have come near Thee after suffering great sorrows from the time of my birth until now. Sprinkling the Nectar of Love, won't Thou merge me in Thy Feet?

mōhichu nin rūpam chārattu kandiṭān
māya kondenne nī mōhita nākkollē
ātma sumangalē ammē hṛdisthitē
ātmānandam tarān tāmasam entini? (ārundu)

For relief from mental distress, I have longed to see Thee near me. Enchant me not with Thy Maya, O Auspicious, Eternal One. O Mother, who dwells in the heart, why art Thou delaying to give the bliss of the Self?

ĀTMA RĀMA

ātma rāma ānanda ramaṇa
achyuta kēśava hari nārāyaṇa

Delighter in the Self, Sweet Blissful One, Immovable Lord of the senses,

bhava bhaya harana vandita charana
raghu kula bhūṣana rājiva lōchana

Destroyer of the fear of Becoming, whose Feet are worthy of worship, Ornament of the clan of Raghu, of Lotus Eyes,

ādi nārāyaṇa ānanta śayana
satchid ānanda satya nārāyaṇa

Primal Lord reclining on the serpent Ananta, Lord of Truth Who is Existence, Awareness, Bliss.

ATULYATAYUṬE

atulyatayuṭe, ananyatayuṭe
sumandahāsamukhi sumandahāsamukhi!
varū dayāmayī, viśvajanēśvarī
viśuddhaśālini nī, viśuddhaśālini nī

O Mother, whose incomparable smiling face expresses the truth of Oneness, O Embodiment of Compassion, Goddess ruling over all the people of the world, most pure and graceful One, come.

avarṇṇanīya dayā hṛdayattin
amūlya raśmiyumāyi
varū varam tarū mahāndhakāram
keṭānivan matiyil (atulya)

O Mother, come with the priceless rays radiating from Thy compassionate heart, come bless me that the great darkness enveloping my mind may be dispelled.

anātharil kanivārnnu tuṇaykkum
amṛta svarūpiṇi- nin
avikala ramya sarōruha hṛdaya-
kṛpārasam taraṇē kṛpārasam taraṇē (atulya)

O Thou, the Embodiment of Immortal Sweetness, the One who looks after the forlorn and helpless, Thy heart melting at their sight, O Mother, give me the water of Grace from Thy heart-lake which is wholesome, taintless, and lovely.

tarunnu kanmaṣa mānasam ambayil
ādara pūrvvamivan
aṛiññu nalkaṇamananta śānti-
yamāntamezhātivanil (atulya)

This daughter of Thine offers her sinful and impure heart to Thee with deep feeling. Even though knowing my faults, still Thou should grant me that unequalled peace without delay.

ĀYIYĒ GURU MAHARĀNI

āyiyē guru maharāni mātā amṛtānandamayi
jai jai jai maharāni mātā amṛtānandamayi

śaraṇam śaraṇam ammā
abhayam abhayam ammā

varuvāyi varuvāyi ammā varām
taruvāyi taruvāyi ammā

Please come Mother and grant me the boon!

āyiyē	Please come
guru maharāni	Queen among Realized Masters
saraṇam	Protect us
abhayam	Give us refuge

BANDHAM ILLA

bandham illa bandhuvilla
svanta mallonnum nammaḷ
kantya kālam bandhuvennaṭu svantamātmāvu;

No one is ours and there is nothing to call as our own. In our last days only the True Self will remain as ours.

kanda tannum kondu pōyikkandatillārum - pinne
entininnī kandatellām svantamākkunnū?
(bandham)

We can take nothing with us during the last journey. Why then this madness for earthly possessions?

uḷḷa tonnunduḷḷilallātalla matteṅgum - atu
kandiṭānāyi uḷḷinuḷḷil chellaṇam nammaḷ!
(bandham)

That which truly exists is within us. To see That, we must go within.

allalin kallōlam onnum tellumillaṅgu - ellām
uḷḷapoluḷḷinde yuḷḷil ullasichīdum (bandham)

There is not even a trace of sorrow there. There the True Self shines in Its own glory.

uḷḷuṇarnnullālaṟiyān ullamārggatte - nērāyi
cholliṭām 'ñān' ennabhāvam nallapōlpōṇam
(bandham)

The awakening of the Inner Self and True Knowledge comes only when egoism is completely gone.

uḷḷatallā tuḷḷatil ninnuḷḷatilchellān - nammaḷ-
kkuḷḷiṇakkam nalla pōlellārilum vēṇam
(bandham)

We go from untruth to Truth when we love and serve all living beings.

BHAGAVĀNE

bhagavānēbhagavānē
bhaktavatsalā bhagavānē (bhagavānē)

O LordO Lord O Lord Who art the Lover of the devotees

pāvana pūrūṣā pāpa vināśanā
pāpikaḷ mātramāyi pāriṭattil (bhagavānē)

O Pure One, Destroyer of sin, there seem to be only sinners in this world.

nērāya mārggangaḷ nalkkuvān ārundu
nārayaṇā nanma pōyi maraññu (bhagavānē)

Who is there to show the correct path? O Narayana, virtue has disappeared.

satya dharmādikaḷ naṣtamāyi marttyaril
tattvangaḷ ēṭil mātram otungi nilppū
(bhagavānē)

Mankind has lost all senses of truth and righteousness and real spiritual truths exist only in pages of books.

kāṇunna tokkeyum kāpaṭya vēṣangaḷ
kāttiṭū kaṇṇā dharmam vīndeṭukkū (bhagavānē)

All that is seen wears the vesture of hypocrisy. O Krishna, protect and revive righteousness.

BHAJAMANA RĀM

bhajamana rām bhajamana rām
pāṇḍuranga śrī ranga bhajamana rām

Worship Rama, worship Rama, worship Rama who is also Panduranga and Sri Ranga.

bhajamana kēśava bhajamana mādhava
bhajamana yādava bhajamana rām

Worship Kesava and Madhava (names of Krishna) worship Yadava (Krishna) and Rama

bhajamana gōvinda bhajamana mukunda
bhajamana giridhara bhajamana rām

Worship Govinda and Mukunda, worship also the One Who held the mountain on His hand and the Destroyer of the demon Mura.

bhajamana raghuvara bhajamana murahara
bhajamana ānanda bhajamana rām

Worship Raghuvara, worship Rama, worship Rama, worship Rama.

BHAKTAVATSALĒ DĒVĪ

bhaktavatsalē dēvī ambikē manōharī
bhakta janārtti tīrppān śaktayāyimevūm dēvī

O Devi, O Ambika, Beauty Personified, O Thou Who art affectionate towards devotees, may Thou dwell here in order to end the sufferings of the devotees!

mātāvāyatum nīyē tātanāyatum nīyē
mātula bhrātākkaḷum gurunāthayum nīyē

Thou alone hast become the Mother, Father, Uncle, Elders and Guru.

enalla īkkāṇunna sarvvavum nīyāṇennu
ennuṭe guru aruḷ cheytatōrttirunnu ñān

Not only that, I have sat listening to my Guru who says that Thou art, in fact, everything that is seen.

nī tanne sarvvasvam en dīnata tīrppān śakta
nī tanne ellāttilum nārāya vērāyatum

Thou art everything, powerful enough to end my misery, the Tap Root of all.

nī tanne sarva bhūtanāthayāyi nilkunnavaḷ
nī tanne sarvasvavum kāttu rakṣīkkunnōlum

Thou standest as the Ruler of all beings. Thou art everything and its Protector as well.

viśvasichēvam bhaktyā stutichu bhajikkunnēn
viśvaika nāthē ninne kāṇuvān āśikkunnen

Believing this, I am praising Thee with devotion. O Goddess of the Universe, I desire to see Thee.

etra nāḷāyi ninne kāṇuvān āśichu ñān
ittiri nēram pōlum tettāte bhajikkunnēn

Since how many days have I been desiring to see Thee? I am praising Thee without losing even a moment.

ennil nin enṭeṅkilum tettukaḷ sambhavichō
ennuṭe duḥkham tīrkkān iṣṭam illāyi kayālō?

Did some mistake happen on my part or is it that Thou hast no mind to end my sorrow?

ennakakkāmbu ventu veṇṇīṛākaṭṭe ennō
onnumē aṛiyāte sambhrāntayākunnu ñān

Or perhaps Thou wishest that my inner self get burnt to ash. I am getting confused. I know nothing.

dīnarāyi mēvunnōre sāntvana ppeṭuttīṭum
dīnavatsala yallō nīyammē mahāmāyē

O Mother, the Great Illusion, art Thou compassionate to the afflicted, consoling those who dwell in misery?

ammaykku makkaḷ ellām tulyam ennuḷḷa satyam
uḷppūvil darichatu mithyayāyi bhavikkyumō

Will the truth which I keep in my heart, that all the children are equal to the Mother, become false?

ñān onnapēkṣichīṭum enne nī trikkaṇ pārttu
dīnata tīrppān alpam kāruṇyāmṛtattināyi

In order to end my misery, I will request a little of the nectar of Thy Grace pouring from the glance of Thy holy eyes.

nin mukham kaṇi kāṇān ninnaṭi kaḷil vīṇu
janma sāphalyattināyi varatte yācichīṭūm

I will fall at Thy Feet in order to see Thy gracious face and beg for the boon of the fulfillment of life.

nin arikattu vannu vīṇu kēṇapēkṣikkum
enne nī upēkṣichāl ennuṭe gatiyentu ?

Coming near, I will beg of Thee. What will be my fate if I am forsaken?

dīnarekkāttīṭunna nin tirumizhikkaḷe
kāṇumāṛākēṇamē mānasakkaṇṇil sadā

O Protectress of the afflicted, I must see Thee in the eye of my mind always.

ajñānakkūriruṭṭil ppeṭṭuzhalunnōr enne
vijñāna dīpam kāṭṭi kāttu rakṣikkēṇamē

Showing the Lamp of Knowledge, save me who is groping in the darkness of ignorance.

sarvasvarūpē dēvī sarva mangalē ninne

sarvadā kaṇikāṇān kāttu rakṣikkēnamē

O Devi Who art everything, the All-Enchantress, save me so that I can see Thee always.

en manakkaṇṇil ninne kaṇikandānandippān
nirmala bhaktyā nityam ninnuṭe nāmam ōti

I worshipped Thee with pure devotion by singing Thy Name always in order to gain Thy blissful sight in my mind's eye.

kanmaṣa nāśiniyām ninneyum bhajichu ñān
immahītalam tannil nāḷeṇṇikkazhiyunnu

Worshipping with pure devotion Thee who art the Destroyer of sin, I am counting my days on the surface of this earth.

torāte nityamōti arādhana cheyyuvān
kāruṇya mundākaṇē ambikē bhagavatī

Ambika, Bhagavati, be compassionate so that, always worshipping Thee, I may enjoy the sight of Thee in my mind's eye.

kāṇunnatellām ninte kōmaḷa rūpamāyi-
kāṇuvānuḷḷa bhāgyam taraṇē nārāyaṇī

O Narayani, bless me with the good luck to see everything as Thy own form.

cheyunna karmam ellām satkarmamayittīrān
ī ezhaykkekīṭaṇē kārunya pīyūṣam nī

Deign to give the nectar of Thy Grace that all of my actions may become virtuous.

ennuṭe karṇṇangaḷil kēḷppatu sarvam ninte
dhanya nāmangaḷāyikkittīrkkaṇē kārtyāyanī

O Katyayani, let whatever I hear with my ears become Thy blessed Names.

ennuṭe bandhukkaḷāyi ninnuṭe bhaktanmāre
ennarikattu nityam kāṇumāṛākētaṇamē

May I see near me always as my own relatives, Thy devotees.

en duritangaḷ ellām enne viṭṭa kaluvān
nintiru nāmāmṛitam auṣadham āyīṭaṇē

May the nectar of Thy holy Name be as medicine to cure me of all my miseries.

tṛippādasēva cheyyān enikku varamēki
ammayām ninnmarukil enneyum chērttīṭaṇē

Granting me the boon of serving Thy holy Feet. O Mother, keep me near Thee.

tṛippāda patmangaḷe sēvichu vāṇīṭunna
tvadbhakta samūhattil chērkkaṇē kāruṇyābdhē

O Ocean of Mercy, let me join the group of Thy devotees who live serving Thy holy Lotus Feet.

ādināthayām dēvī trailokyanāthē ente
ātaṅka śāntikkyāyi ñānitā vaṇangunnēn!

O Primal Being, O Devi, Goddess of the three worlds, where must I go to get relief from my misery?

BHRAMARAMĒ

bhramaramē mānasa bhramaramē
śuddha madhu tēṭi alayunnu taḷarunnu nī
bhramaramē mānasa bhramaramē

O hummingbird of my mind, searching for pure nectar, you are wandering and becoming exhausted.

tarujālam pūtta tarujālam
bhaktippuzha tīrattazhalillā tānandippū

taḷarallē chittē karayallē
śuddha hr̥dayattil orunāḷil aṇayum nin ambika
(bhramaramē)

The grove of blossomed trees, bereft of all sorrow, resides blissfully on the banks of the river of devotion. O mind, don't be desperate, for your Mother will come to the pure heart one day.

vibudhanmār buddhikkuṟavēki, śakti
akalattil azhalillām aṟivāl nīkki
amarunnū ninnil amarunnū
sarva vyathayum ñānaviṭēkkāyarppikkunnu
(bhramaramē)

O Shakti, Thou art the spring of intelligence for the wise, removing all sorrows through knowledge. I offer all of my sorrows to Thee in whom everything exists.

eniyennō ninte varaveṇṇō ente
kazhivellām takarumbōl varumennō
arūtammē kr̥pa choriyūllē
ellām avalambam aviṭallat ivanārundu?
(bhramaramē)

When is that day, O Mother, when Thou wilt come? Art Thou going to come when all of my energy is dissipated? O Mother, do not do that! Won't Thou shower Thy grace on me? Who else is there except Thee as my sole support?

BŌLŌ BŌLŌ

bōlō bōlō sab mil bōlō ōm nama śivāya
ōm nama śivaya ōm nama śivaya

Let everyone say "Om Nama Shivaya"

jūta jatā mē gangā dhāri
trisūla dhāri damaru bajāvē

The One Who bears the Ganges in His matted locks, who holds the trident and plays the damaru (drum)

dama dama dama dama damaru bajē
gunjuthao ōm namaḥ śivāya

Play the drum and loudly sing "Om Nama Shivaya."

hari ōm namaḥ śivāya hari

BRAHMĀṆḌA PAKṢHIKAL

brahmāṇda pakṣikal vannu chēkkēṛum
pukazhārnna jñānadrumam nī ammē
enneyaṛiññu ñān ninnilettum vare
nin taṇalil nī vaḷarttū ammē
nintaṇalil nī vaḷarttū (brahmāṇḍa)

O Mother, Thou art that glorious Tree of Knowledge into which galaxies, like birds, enter. Until I reach Thee by knowing my Self, make me grow under Thy shade, make me grow under Thy shade.

nīlavānam tava śirṣamennōtunnu
bhūmitṛichēvaṭiyennum ammē
sarvāntarīkṣavum ninnuṭalennōrttūm
vandippū ñān parāśaktī bhaktyā
vandippū ñān parāśaktī (brahmāṇḍa)

O Mother of Supreme Power, I worship Thee knowing that this blue sky is Thy head, this vast earth is Thy Feet, and all the atmosphere is Thy body.

nānāmataṅgaḷum vāzhttum prabhāvamē
nālu vēdārtthasāram nī! ammē
nāmarūpaṅgaḷ layikkum sudhāmamē

ñān namikkunnu vinītam ninne
ñān namikkunnu vinītam (brahmāṇḍa)

O Mother, I prostrate before Thee in all humility, Thou Who art glorified by all religions, Who art the Essence of the four Vedas and the Abode into which all names and forms dissolve.

CHĀMUṆḌAYĒ KĀLI MĀ

chāmuṇḍāyē kāḷi mā kāḷi mā kāḷi mā
chāmuṇḍāye kāḷi mā kāḷi mā kāḷi mā

O Goddess Chamundi, O Mother Kali.

CHANDRAŚĒKARĀYA NAMAḤ ŌM

chandraśēkarāya namaḥ ōm
gangādharāya namaḥ ōm
ōm namaḥ śivāya namaḥ ōm
hara hara harāya namaḥ ōm
śiva śiva śivāya namaḥ ōm
paramēśvarāya namaḥ ōm

chandraśēkara	Having the crescent moon on the fore-head
gangādhara	Wears the Ganges River in His locks
hara	The Destroyer
śiva	The Auspicious One
paramēśvara	Supreme Lord

CHILANKA KEṬṬI

Chilaṅka keṭṭi oṭi oṭi vāyō
ente tāmarakaṇṇā āṭi āṭi vāyō
ninte piñjupādam tēṭittēṭi ñaṅgaḷ
ninte divya nāmam pāṭippāṭi vannēn (cilaṅka)

Tying on Thy anklets, come running, O my lotus-eyed One, come dancing. Searching for Thy tender Feet, we have come singing Thy Divine Name.

dēvakī nandana rādhā jīvana
kēśavā harē mādhavā
pūtana marddana pāpavināśana
kēśavā harē mādhavā
gōkula bālanē ōṭi vāyō
gōpāla bālanē āṭi vāyō (cilaṅka)

O Devaki's Son, Radha's Life, Kesava, Hare, Madhava (Names of Krishna) Slayer of Putana, Destroyer of sins, O Child of Gokula, come running, O Cowherd Boy, come dancing.

kamsa vimarddana kāḷiya narttana
kēśavā harē mādhavā
āśrita vatsalā āpad bhāndhavā
kēśavā harē mādhavā
ōmkāranādamē ōṭi vāyō
ānandagītamē āṭi vāyō (cilaṅka)

Slayer of Kamsa, Thou who danced on the serpent Kaliya, Kesava, Hare, Madhava. Affectionate to refugees, Protector of those in danger, O Embodiment of OM, come running, O blissful Melody, come dancing.

pāṇḍava rakṣaka pāpa vināśana
kēśavā harē mādhavā

arjuna rakṣaka ajñāna nāśanā
kēśavā harē mādhavā
gītāmṛtamē ōṭi vāyō
hṛdayānandamē āṭi vāyō (cilaṅka)

O Protector of the Pandavas, Destroyer of Sins, Kesava, Hare, Madhava, O Protector of Arjuna, Destroyer of ignorance, Kesava, Hare, Madhava, O Nectar of Gita, come running, O Bliss of the heart, come dancing!

CHITTA CHŌRA

chitta chōra yaśoda kē bāl
nava nīta chōra gōpāl
gōpāl gōpāl gōpāl gōpāl
gōvardhana dhara gōpāl

chitta chōra	Stealer of the mind
yaśōda ke bāl	Mother Yashoda's Child
navanīta chōra	Stealer of butter
gōpāl	Cowherd boy
gōvardhana dhara	Holder of the Govardhana mountain

CHITTA VṚNDĀVANAM

chitta vṛndāvanam tannil ninnum
vēṇu gānam pontunnitā
manamandirattile chinmūrtti tān
vēṇu gānapriyā mōhanā
jagannāthā yadu nandanā

The melodious sound of the flute is rising from the Vrindavan of my mind. O Deity in the temple of my mind, who abides in the form of Awareness, O Sweet Lover of flute music, Lord of the world, Son of Yadu.

manō vṛtti māyilukaḷ antarangē
nṛittamāṭi sarva kālam
chit pumānettanne sēvikkunnu
vēṇu gānapriyā mōhanā
jagannāthā yadu nandanā

The peacocks of the pure mind are eternally dancing in the service of that Being. O Sweet Lover of flute music, Lord of the world, Son of Yadu.

kaḷavēṇu nisvanam kēṭṭuha ñān
mugdha bhāva magnayāyi
gāna vilōlane dhyānam cheytu
vēṇu gānapriyā mōhanā
jagannāthā yadu nandanā

On hearing that beautiful music of the flute, I entered into an ecstatic mood in deep meditation on that One who is fond of the flute. O Sweet Lover of flute music, Lord of the world, Son of Yadu.

hṛdaya kōvilile pūjāri ñān
pūjayellām vismarichu
dhyāna nimagnāyai kāttirunnu
vēṇu gānapriyā mōhanā
jagannāthā yadu nandanā

Though I was the priest in the temple of the heart, I forgot all about the puja and was immersed in meditation. O Sweet Lover of flute music, Lord of the world, Son of Yadu.

chintā malar kondu pūja cheytu
uḷkkaṇṇināl māla chārtti
ānanda bāṣpābhiṣēkam cheytū
vēṇu gānapriyā mōhanā
jagannāthā yadu nandanā

I worshipped Him with the flowers of thought, garlanded Him with the garland of the inner eye, and gave the ceremonial bath with the tears of joy. O Sweet Lover of flute music, Lord of the world, Son of Yadu.

prēmapayassile gōpālanāyi
rāgamākum mādhurya miṭṭu
bhaktyā naivēdyamayi kāzhchavechu
vēṇu gānapriyā mōhanā
jagannāthā yadu nandanā

With deep devotion I offered food to that Gopala after sweetening it with my love. O Sweet Lover of flute music, Lord of the world, Son of Yadu.

prajñayākum bhṛingam vanamālitan
prēma madhu āsvadippān
antarangattilēykketti nōkki
vēṇu gānapriyā mōhanā
jagannāthā yadu nandanā

My consciousness in the form of a bee peeped into the mind in order to enjoy the nectar of love of the One who wears a garland of wild flowers. O Sweet Lover of flute music, Lord of the world, Son of Yadu.

vēṇugōpāla hṛidayēśvarā
bhaktapriyā sarvēśvarā
tannīṭuka vēgam darśanam nī
vēṇu gāna priyā mōhanā
jagannāthā yadu nandanā

O Venugopala, Lord of my heart, Lover of devotees, Supreme Lord of all, grant me Thy Vision soon. O Sweet Lover of flute music, Lord of the world, Son of Yadu.

DARŚAN DĒNA RĀMA

darśan dēna rāma rāma rāma
tadap rahe hē hum daśarathe
taras rahe hē hum daśarathe
jānakī nātha dayā karō

O Rama, show me Thy Divine form! We are yearning to see Thy form, O Dasaratha's Son! We are thirsty to see Thy form, O Dasaratha's Son! O Lord of Janaki, show us compassion!

sare jag hē palan kare
mātā pitā anna dātā thum hō
hum hē thumhare hum ko bachāvo
nayya hamārē pār karō
dūr karō sankat kō hamāre

Thou art the Maintainer of the Universe, Thou art our Mother, Father and Nourisher. Protect us, we are Thine! O boat of ours, take us across and remove our sorrows!

DAŚARATHA NANDANA RĀMA

daśaratha nandana rāmā
dayāsāgarā rāmā
daśamukha marddana rāmā
daitya kulāntaka rāmā
lakṣmaṇa sēvita rāmā
sītāvallabha rāmā
sūkṣma svarūpā rāmā
sundara rūpā rāmā

daśaratha nandana	The Son of King Dasaratha
dayāsāgara	The Ocean of Compassion

dasamukha marddana	Slayer of the ten-headed Ravana
daitya kulāntaka	Destroyer of the demon clan
lakṣmaṇa sēvita	One who is served by Lakshmana
sītāvallabha	Beloved of Sita
sūkṣma svarūpa	Whose nature is Subtle
sundara rūpa	Of beautiful Form

DAYĀ KARO MĀTĀ

dayā karō mātā ambā
kṛpā karō janani
kṛpā karō mātā ambā
rakṣā karō janani
kalyāna rūpini kāli kapālini
karuṇāmayi ambā mām pāhi
ōm mātā ōm mātā ōm mātā ānandamayi

O Mother, have mercy. O Mother, save us. Auspiciousness incarnate, merciful One, Mother Kali who wears a garland of human skulls, protect us.

DĒVĪ BHAGAVATIĪ

dēvī bhagavatī śānti pūrṇē
bhāvuka rāśe śivē namastē

rudrāṇiyāyum, indrāniyāyum
buddhiyāyum sarvaśaktiyāyum
atrajayikkum agatikaḷkkum
dhātriyām ammē namō namastē!

Salutations to Thee, Devi, illustrious and full of peace, Abode of prosperity and auspiciousness, Mother of the distressed. Victory to Thee as the Consort of Rudra (Shiva) and Indra, Thou being the intellect and all other powers.

bhūvilirikunna puṇyarupē
bhūvināla jñāta vaiṣnavi nī
bhūvinuḷḷāndu sarvam naṭattum
dēvī parātmikē tē namastē

Thou abide on the earth in the form of virtue and Vaishnavi (Consort of Lord Vishnu), not understood by the earth. Salutations to Thee Devi, who art behind all actions which take place on earth and are beyond the soul.

prēraṇa uḷḷilirunnu nalkum
prērikē dēvī śivē namastē
dēvī vazhipōl bhajikkuvānen
dhyānattinamba karuttu nalkū
tāyē ripujana bādhamūlam
bhīyēṛum ñangaḷe kāttukoḷka

Salutations to Thee, Devi, who art auspicious, the Inspirer, who prompts from within. Devi, my Mother, please strengthen my meditation so that I can worship Thee properly. O Mother, protect us from the fear of enemies' assaults.

DĒVI DĒVI DĒVI JAGANMŌHINĪ

dēvi dēvi dēvi jagan mōhinī
(dēvi dēvi dēvi amṛitēśvari)
chaṇḍikā dēvi chaṇḍa munda harinī
chāmundēśvarī ambikē dēvi
samsāra sāgaram taranam cheyyuvān
nērāya mārgam kāttanē dēvī

O Goddess, Enchantress of the World (O Immortal Goddess), Chandika, Destroyer of the demons Chanda and Munda, O Chamundesvari, Divine Mother, show us the right path to cross the ocean of transmigration.

DĒVI JAGANMĀTA

dēvi jaganmātā jaya jaya dēvi jaganmātā
dēvi jaganmātā parāśakti dēvi jaganmātā

Hail, hail to the Goddess, Mother of the World, The Goddess of Supreme Energy!

nīlakkaṭalkkarayil tapam cheyyum
nittiya kanyakaye
māri kumāri ammā enakkum
vantu varam taruvayi vā

O Eternal Virgin who does penance on the shore of the blue sea at Kanyakumari, come and give me a boon.

jyōti svarūpiṇiyē jñānamaya sundara rūpiṇiyē
satya svarūpiṇiyē svayam śakti ānanda rūpiṇiyē

O Thou whose True Nature is Light, whose beautiful Form is made of Wisdom, Truth, Energy and Bliss!

om śri mātā jaya laḷitāmbā
om śri mātā jaya laḷitāmbā (3)

Om, Hail to the Mother of the Universe!

DĒVI MAHĒŚVARIYĒ

dēvi mahēśvariyē
māyā svarūpiṇiyē
ī viśva kāraṇiyē tāyē namō namastē

O Divine Mother, Great Goddess, whose nature is Illusion, O Creator and Cause of the Universe, I bow to Thee again and again.

lōkēśi nīlakēśī mahāmāyē manōharāngī
bandha mōkṣangaḷ nalkum bhakta -
bandhuvum nī mahēśī

O dark-haired Empress of the Universe, O Great Maya of beautiful limbs, O Supreme Goddess, Thou art the Friend of the devotees, granting them both bondage and Liberation.

svargā pavargangaḷē koṭukkunna,
durgē bhagavatiyē!
gaurī gaṇeṣapriyē
madgarvam akattīṭēṇam

O Goddess Durga, Bhagavati, who gives heaven and Liberation, O Gauri, dear to Ganesha, kindly rid me of the ego.

mōkṣa sandāyiniyē! vidya svarūpiṇiyē!
sākṣāl jaganmāyiyē dēvi sanātaniyē!

Giver of Liberation, whose very nature is Knowledge, Thou art the Universe itself, O Eternal Goddess.

ambikē! durgē! śivē mahākāḷī namō namastē
sumbhādi daitya vadham cheyta ambē namō
namastē

O Ambika, Durga, Parvati, O Great Kali, I bow to Thee again and again. O Mother who killed the demon Sumbha, I bow to Thee again and again!

āriludicchu sarvam ārāl nayicchiṭunnū
āril layikkum ellām ā dēvī dayāmayiyē

In whom everything has arisen, by whom everything is led, in whom everything will merge. Thou art that merciful Goddess.

DĒVI ŚARAṆAM

dēvī śaraṇam śaraṇam ammē
dēvakaḷ vāzhttunna divya mūrttē
dēvī śaraṇam śaraṇam ammē
ādi parāśakti tē namastē

Give me refuge, O Goddess, give me refuge, O Mother, O Thou whose divine form is being praised by the celestials. Salutations to Thee, the Primal Supreme Energy!

kalyāṇa kāriṇi āyi sadā sā-
kallyābhilāṣa sandāyini āyi
siddhi āyi mūla prakṛiti āyi
varttikkum ammē tozhunnitā ñān (dēvī)

Salutations to Mother who is the Cause of all auspiciousness, Fulfiller of all desires, Perfection Itself,and the Source of Nature Herself.

sṛiṣṭisthitilaya kāriṇi āyi
duṣṭa samsāra vimathini āyi
sacchit svarūpiṇi āya dēvī
tricchēvaṭikku tozhunnitā ñān (dēvī)

Thou art the Cause of creation, sustenance and destruction. Thou art the Destroyer of the wicked. I bow to Thy Feet, Thou who art of the form of Pure Existence and Awareness..

nityayāyi sarvāvalamba āyi
artthamātrākṣara sāramāyi
hṛillōka āyi jayicchīṭumammē
svarllōka nāthē tozhunnitā ñān (dēvī)

Salutations to Thee, the Ruler of heaven, the Eternal and Substratum of all. Victory to Thee indicated by the sound 'OM' and by the sound 'Hrim'.

niṅkal irikkunnu viśvam ellām
niṅkal nin ellām udicchiṭunnu
śaṅkarī sandēhamilla sarvam
niṅkalallō vannoṭunguvatum (dēvī)

The Universe has its existence in Thee and from Thee sprouts everything. O Giver of auspiciousness, there is no doubt that everything has its dissolution in Thee only.

tattvangaḷ okkeyi ṇangumammē
satya svarūpiṇi lōka mātē
engum niṟaññoru ninne allā
tingu ñān kāṇmati lennu pōlum (dēvī)

O Mother of the Universe, Embodiment of Truth, all divergent principles find unity in Thee. Nothing appears before my sight other than Thee who pervades all.

nin prabhāvam kondu pāraśēṣam
sambhavikkunnu jagal savitrī
nin prakāśamkondu rakṣaṇavum
sāmpratam samhṛitiyum naṭappu

O Mother of the Universe, it is Thy splendour that humanity crosses over the death barrier; the dissolution as well as the creation are also part of Thy omnipotence.

ammadhukaiṭabha bādha nīkkī
amma viśvattin parappu kāṭṭi
bhāvana kaḷkkumatīta matrē
tāvakamāya mahācharitram (dēvī)

O Mother, by ridding the world of the afflictions caused by the demons Madhu and Kaitabha, Thou revealed the expanse of the Universe. The great story of Thy doings is beyond the reach of imagination.

amba nin sṛṣṭiyiluḷppeṭunna
brahmāṇḍam etra en āraṟiññu?

kālttāriṇa tavakūppi ñān onn
artthicchu koḷḷunnu bhakti pūrvam (dēvī)

O Mother, who can know the number of Universes created by Thee? Prostrating at Thy Feet, let me pray with devotion for just one thing.

tvan nirmmalābhamāmī svarūpam
ennuḷḷil ennum viḷangiṭēṇam
nin nāmam ennu murukkazhippā -
nennāvu tatparamāyi varēṇam (dēvī)

I pray that this pure, effulgent Form of Thine should shine forth within me forever and that my tongue should enjoy the taste of repeating Thy Name always.

nin pāda darśanam en mizhikku
munpāyi varēṇamē ennumennum
ninne nirantaram ōrttuvāzhum
enne nī ōrkkaṇam dāsanāyi (dēvī)

Kindly let me have the sight of Thy Feet ever before my eyes. Consider me, who lives always in Thy remembrance, as Thy servant.

nī amba ellām aṛiññiṭunnōḷ
peyan ñān pāmararkkagra gāmi
ninniccha entennaṛiññu cheyvān
pinne ñān engane śakta nākum (dēvī)

Mother, Thou art omniscient and I, a mad one, am the first among the ignorant. How am I to become capable of acting according to Thy Will even after knowing it?

kīrtti gāyatri kamala kānti
mukti ōmkāram svadhā virakti
nirguṇam appōl saguṇam ennal
okkeyum dēvī nī tanne yallō (dēvī)

O Devi, fame, the Gayatri mantra, the effulgence in the lotus, Liberation, OM, the offering, detachment, the Attributeless and That which has attributes, all is but Thee.

pūrṇṇattin amśangaḷ jīvakōṭi
arṇṇavattilttira māla pōlē
ajjīvarāśikku mukti nēṭān
sajjīkarikkunnu viśvam amba! (dēvī)

The millions of living beings are parts of the Whole, like waves to the Ocean. This Universe is designed in such a way as to help all beings attain Liberation.

jīvan bhavati tān en aṛiññāl
kāiviṭum vyakti, samsārabandham
nannāyinaṭicchoṭukkattuvēṣam
onnāyi veṭiyum naṭan kaṇakke (dēvī)

When one comes to know that one's very life is naught but Thee, one will get detached from the world like an actor who takes off his costume at the end of a good performance.

lōkēśi rāgādi mūlamundām
śōkangaḷ - mitthyā bramangaḷ ellām
pōkkiś śaraṇam gamicchorenne
kākkaṇam kāitozhām nin padābjam! (dēvī)

O Ruler of the world, protect me who has taken refuge in Thee, by removing the sorrows and illusions arising out of attachment and aversion. I bow to Thy Feet!

DHANYA DHANYĒ

dhanya dhanyē jananī jaganmayī
brahma vādini chinmayī sanmayī

ammē! nin pāda patma parāgamen
karma mālinyam ellām mozhikkaṇē

O Blessed one, O World Mother, who speaks of the Absolute, O Pure Consciousness and Pure Existence. O Mother, may the fragrant dust of Thy Lotus Feet rid me of all impurities born of action.

kaṇṇukaḷkkentor ānandam ambikē!
munnil minnum ī divya rūpāmṛtam
śarmadē! śubhē śāradē! śyāmaḷē
sarvamangaḷē! pāhimām pāhimām

O Ambika, what a joy for my eyes is Thy divine ambrosial Form shining before me! O Giver of bliss, Auspicious One, Goddess of Wisdom, dark-colored One who art all-auspicious, protect me, protect me!

vāḷeṭukkilum vēleṭuttīṭilum
vārnnozhukunna vātsalya dhāmamē
parinānanda pīyuṣa dhārayāl
pārvaṇēndu prabhāmayi! kaitozhām

Even though Thou may hold a sword or spear, Thou art still the abode of overflowing motherly love. O Giver of happiness to the world through bliss, O Thou with the radiance of the full moon, my salutations to Thee.

kāla kāla priyatamē! nirmalē!
kāmadē! dēvi! sarva mantrātmikē!
kaliṭaṛumpōḷ uḷkkaruttēkiyen
mālakattanē mātā amṛtēśvarī

O Beloved of the Destroyer of Time (Shiva), Pure One, O Thou who grants one's desires, O Goddess, the Soul of all mantras, O Mother Amritanandamayi, deign to remove my sorrows imbuing me with strength when I falter.

DHIMIKI DHIMIKI

ōm dhimiki dhimiki dhim
dhimiki dhimiki dhim
nāche bhōlā nāth – nāche bhōlā nāth

mṛidanga bōle śiva śiva śiva ōm
damaru bōle hara hara hara ōm
vīṇa bōle hari ōm hari ōm
nāce bhōlā nāth

DURGĀ BHAVĀNI MĀ

durgā bhavāni mā
jaya jaya dēvi mā
kāli kapālini mā
jaya jaya dēvi mā
parama śivānī mā
jaya jaya dēvi mā
jagadō dhārini mā
jaya jaya dēvi mā
durgā bhavāni mā
jaya jaya dēvi mā

DURGĒ DURGĒ

durgē durgē durgē jai jai mā
durgē durgē durgē jai jai mā

karuṇā sāgari mā
kāli kapālini mā
jagadō dhārini mā
jagadambē jai jai mā

Victory, victory to Mother Durga! O Mother, Ocean of Compassion, Mother Kali adorned with a garland of human skulls (representing the death of the ego), Uplifter of the world, victory to that Divine Mother of the Universe!

ELLĀM AṚIYUNNA

ellām aṛiyunna kaṇṇanōṭu
onnum paṛayēnda kāryam illa

There is no need to tell anything to the all-knowing Krishna.

kūṭe naṭan ellām kāṇunnundu
kāryaṅgaḷ ellām grahikkunnundu

Walking beside us, He is seeing and understanding everything.

antarangattile chintayellām
ādi nārāyaṇan (parātparan) kāṇunnundu

The Primordial Being sees all the thoughts of the innermost self.

tanne maṛannonnum cheytīṭuvān
ārkkum orikkalum sādhyamalla

It is never possible for anyone to do anything, forgetting Him.

ādi nārāyaṇan kaṇṇan ennum
ārilum kūṭe vasikkunnundu

The Primal Lord abides in all.

satya svarūpatte nammaḷ ellām
ānanda mōṭe bhajicchiṭēṇam

All of us should worship that Embodiment of Truth and Awareness with joy.

EN MAHĀDĒVI LŌKĒŚI

en mahādēvi lōkeśi bhairavī
ente uḷḷam teḷikkāttatentu nī
chinta nī yamamē yamen chaṇdikē
ninte līlakaḷ ōrōnnum atbhutam!

O my Great Goddess, Ruler of the world, O Consort of Lord Shiva, why aren't Thou enlightening my mind? O Chandika, on reflection, each of Thy plays appears wonderful and infinite.

ambē ninte kaṭākṣam tarēṇamē
ambayallā torāśrayam illallō
ambikē jagannāyikē bhūvil nī
kambam ellām ozhikkēṇam chinmayī!

O Mother, bless us with Thy glance of grace. Other than Thee, refuge we have none. O Mother, Empress of the Universe, Thou art the earth itself. Please rid me of all longings, O Pure Consciousness.

īśvarī nin savidhē vasikkuvān
śāśvatamāya mārgattilūṭenne
viśva mōhinī ennum nayikkaṇē
sachhidānanda mūrttē tozhunnu ñan

O Goddess, Enchantress of the Universe, adorations to Thee. Always lead me along the path to Eternity that I may dwell near Thee forever. O Embodiment of Existence, Awareness, and Bliss, I adore Thee with joined palms.

ninte kāruṇya meṅkalundākanē
tampurāṭṭī mahēśī mahēśvarī
ninte rūpam en chittattil ekiyen
antarātmā vilānandam ēkaṇē

O Great Goddess, let Thy grace be upon me. Impressing Thy Form in my mind, bring joy to my inner soul.

EN MANASSIN ORU MAUNAM

en manassin oru maunam maṇi-
varṇṇan varāttatin maunam
kaṇṇane kāṇā tuzhannuzhan ennuṭe
kaṇṇiṇa kaṇṇīr kutirnnū (en mana)

Sullen is my mind because Sri Krishna comes not. Not seeing Him, the longing in my heart brings forth a torrent of tears.

kālimēykkān pōyi varāññatō? kaṇṇan
kālattuṇarā tuṛaṅgiyō?
kāṛoḷivarṇṇa kāṇān koticchu ñān
kēzhunna kāryam maṛannuvō? (en mana)

Is it because He has not returned from grazing the cattle or is it that He has not yet woken up? Has that dark-colored One forgotten that my heart is weeping in longing for Him?

pāl veṇṇayūṇu muṭangiyō? piñchu-
kāl tettiyeṅgānum vīṇuvō?
nin kazhalppūkkaḷil tēn nukarān -bhakta-
bhṛingangaḷ mūṭippotiññyuvō? (en mana)

Perhaps He has not yet had His butter and milk to eat or have His tender feet slipped and He has fallen somewhere? Or have the bee-like devotees crowded around Him to drink the honey of His Feet?

entē varāninna māntam kaṇṇan
enne maṛannu pōyennō?
kaṇṇā varika nī kāṛoḷi varṇṇāyen
kaṇṇīr mizhikaḷkku munnil (en mana)

O, why has Kannan not come today? Hast Thou forgotten me, O Thou of the hue of dark clouds? O please come before these tearful eyes.

ENNUṬE JĪVITA

ennuṭe jīvita nauka bhavābdiyil
muṅguka āṇammē muttum
māya vaḷarttum koṭuṅkātturūkṣamā-
yūtukayāṇente chuttum

O Mother, my boat is sinking here in the ocean of this world. Fiercely the hurricane of delusion rages on every side.

chaṇḍhikaḷ āṛu vikāraṅgaḷāṇ ente
tandu valikkārāyuḷḷōr
chukkān piṭihchiṭān pāṭvamattava-
nāṇen manaḥ karṇṇa dhāran

Clumsy is my helmsman, the mind. Stubborn my six oarsmen, the passions.

kāṇiyum kāruṇya hīnamikkātilen
tōṇi takarukayāyi
tōṇiyil nin ayyō! bhaktitan paṅkāyam
vīṇukandīchhatum pōyi

Into a merciless wind I sailed my boat and now it is sinking. Split is the rudder of devotion.

viśvāsamāyi uḷḷoroṭupāyundatu
mikkatum jīrṇṇīcchu pōyi
vaḷḷatiluḷḷoru viḷḷalatilūṭe
veḷḷam niṛayukayāyi

Tattered is the sail of faith. Into my boat the waters are pouring.

entini ceyyēntu ñānennum nī vēgam

cholli tarēṇam en amme!
kūriruḷ kūmbāramāṇente chuttilum
ñān atilāndupōm munpē
ammatan tan tirunāma mām kayyili-
ppon makan keṭṭippiṭikkum

Tell me, what shall I do? For with my failing eyes alas, nothing but darkness do I see. Here in the waves I will swim, O Mother, and cling to the raft of Thy Name.

ENTAMMĒ NIN MAKKAḶĒ

entammē nin makkaḷe nōkkuvān maṭikkunnū
entāṇī sādhu cheyta tettennu chōlka tāyē

O Mother, why dost Thou hesitate to look at Thy children? O Mother, please tell the mistake that this poor one has committed.

bōdhakkuṟavinālē bādhicha tettukaḷē
bōdham uḷḷa amma entē māttuvān maṭikkunnu

O all-knowing Mother, why dost Thou hesitate to remove the errors committed by me due to lack of knowledge?

ādhiyālaṅgumingum ōṭiyalaññiṭunna
sādhu vargatti nārā ṇādhāram cholka tāye

O Mother, please tell me, who is the support for these poor ones who wander here and there due to endless miseries?

muppārum pōttuvānāyi kelppuḷḷōr ammē ninte
tṛppāda sēva cheyyān kāttirikkunnu ñaṅgaḷ

O Mother who sustains the three worlds, we are waiting to serve Thy Holy Feet.

svarlōkatulyamāmī hṛdayattiṅkal vannu
kalyāṇa mūrttiyāyiṭṭullasichīṭukammē

O Mother, come and shine in this heart which is equal to heaven, O Thou who art the Embodiment of all auspiciousness.

kāruṇyakkātalākum ammē ponnambikē nī
chārattu vannu ninnu makkaḷe onnunōkkū

O Mother, my beloved Mother, the very Essence of Compassion, kindly come close and cast a merciful glance at Thy children.

pāhimām lōka mātē pāhimām viśvanāthē
pāhimām pāhimām dēhi mē tvalprasādam

O Mother of the world, protect me! O Goddess of the Universe, protect me! Protect me! Protect me! Shower Thy blessings on me!

ENTE KAṆṆUNĪR

ente kaṇṇunīr etra kandālum
manassaliyuka illē ammē nin
manassaliyuka illē?

Though seeing my tears, O Mother, how is it that Thou feelest no compassion, Thou feelest no compassion?

etrayō nāḷukaḷāyi nin pādam aṇayunnu
enniṭṭum anguḷḷil - prasādam illē- ammē
anguḷḷil prasādam illē?

Though it is many days since I came to Thy Feet to seek refuge in Thee, why aren't Thou pleased, O why aren't Thou pleased?

nin bhakta dāsarkku manaḥśānti eṅkilum
nalkuvān entinammē - maṭi kāṭṭunnu- ammē
entinu maṭi kāṭṭunnu

O Mother, why art Thou remiss in granting at least peace of mind to Thy devoted servants, why art Thou remiss?

nin pāda śaraṇārttham aṇayumī aṭiyane
śaraṇam nalki anugrahikkū -ammē
śaraṇam nalki anugrahikkū

Thy Feet are the sole Refuge of this poor soul. Therefore, granting me refuge, bless me, O Mother, granting me refuge, bless me.

ETRAYŌ NĀḶĀYI

etrayō nāḷāyi kāttirikkunnu ñān
vyartham āyīṭumō jīvitam īśvarā

I am waiting for so many days, my Lord. Will my life pass in vain?

lōkaṅgalkkellām adīśan āṇangunnu
kēvalam ñān oru nissāra jīviyum

Thou art the Lord of all the worlds and I am only an insignificant creature.

sādhu vāmennuṭe chittattil angaye
vāzhikkuvān uḷḷa mōham vṛthāvillō

How can I ask Thee to come and dwell within my poor heart?

koḷḷarutāttoru pāzhkkuṭil eṅkilum
āśayoṭen chittam nōkku nitangaye

My heart's humble cottage door stands open wide and down the path of hope I gaze with longing day and night.

audhatyam ennatu tōnnarutīśvarā
tellita nīyitil viśvamam koḷḷumō

Will Thou feel it presumptuous, O Lord, on my part to desire Thee to rest in my humble heart?

alppam ennākilum viśvamam koḷḷukil
dhanya mām ennuṭe jīvitam īśvarā

Lord, even if Thou come for a moment my life will become blessed.

GAJĀNANĀ

gajānanā hē gajānanā
gajānanā hē gajāvadana (gajānanā)

O Elephant-faced One.

pārvati nandana gajānanā
sarvita mada hara gajānanā
kāruṇyālaya gajānanā
kāraṇa pūruṣa gajānanā

O Son of Parvati, Abode of Compassion, Supreme Cause.

vighna vināyaka gajānanā
sajjana sēvita gajānanā
chid ghana śyāmaḷa nitya nirāmaya
satphala dāyaka gajānanā

Destroyer of obstacles, who is served by the virtuous, Pure Consciousness, of dark blue hue, Eternal One, bereft of sorrow, Giver of good results.

ārtta samrakṣaka gajānanā
ātmā prakāśā gajānanā
ānandāmṛta pūrita mōda
surādhipa sēvita gajānanā

O Protector of the afflicted, Illuminator of the Self, full of Bliss and worshipped even by Indra.

GANGĀDHARĀ HARA

gangādharā hara gangādhara hara
gangādhara hara gangādharā
paramaśiva śaṅkarā gangādhara jaya
jagadīśa mām rakṣa gangādharā

O Thou Who wears the Ganges River on His head, Destroyer of ignorance, Supreme Truth, Giver of auspiciousness, hail to that Lord of the Universe! Protect me, O Lord.

viśva bhava nāśakā gangādharā
viśvarūpa viśvātmakā gangādharā
viśvēśa vikhyāta dēvēśa śiti kaṇṭha gangādharā
jaya jagadīśa mām rakṣa gangādharā

O Shiva, Destroyer of the Ocean of Becoming, Universal Being and Soul of the Universe, far-famed Lord of the Universe, hail to that Universal Lord! Protect me, O Shiva.

bhasmāngaraga hara gangādharā
śaktinātha mṛtyuñjaya gangādharā
śrī jagannivāsa śiva gangādharā
jaya jagadīśa mām rakṣa gangādharā

O Thou Who smears sacred ash all over Thy body, Lord of all powers, Conqueror of Death, whose abode is the Universe, hail to the Universal Lord! Protect me, O Shiva!

śrī sōmanātha śiva gangādharā
duḥkha daridra bhaya nāśa gangādharā
pārvati vallabhā gangādharā
jaya jagadīśa mām rakṣa gangādharā

O Shiva residing in Somanath Temple, Annihilator of sorrow, poverty and fear, Beloved of Parvati, hail to that Lord of the Universe! Protect me, O Shiva.

vāraṇāsī pura gangādharā
jaya kailāsa giri vāsa gangādharā
kēdāra ṛṣi kēśa gangādharā
jaya jagdīśa mām rakṣa gangādharā

O Shiva who resides in Varanasi, on Mt. Kailasa, in Kedaranath and Rishikesh, hail to that Lord of the Universe! Protect me, O Shiva.

jaya vaidyanātha śiva gangādharā
bhīma śankara nāgeśa gangādharā
śri mallikārjuna gangādharā
jaya jagadīśa mām rakṣa gangādharā

Hail to the Lord at Vaidyanatha, the Lord of serpents, Bhima Sankara, The Lord Mallilkarjuna (of Srisaila Temple), hail to that Lord of the Universe! Protect me, O Gangadhara. NB: The above are temples wherein the 12 sacred Shiva Lingas of India are installed.

GHANA ŚYĀMA SUNDARA

ghana śyāma sundara
bansīdhara hē kṛṣṇa kanayya
tū hi mērē mām bapu bhaya
dēvakī nandana hē parandhāma
dīna bāndava dvāraka nāthā
rādhā hṛidaya vihāra harē kṛṣṇa
muralī dharā madhusūdana
gōpāla nā hē gōpāla nā

O Beautiful, Dark-colored One, O dear Krishna who holds the flute, Thou art my Mother, Father and Brother. Thou art the Son of Devaki and the Supreme Abode. Thou protect the afflicted and are Lord of Dvaraka. Thou art playing in Radha's heart and are the Holder of the flute, Destroyer of the demon Madhu.

GIRIDHĀRI JAI GIRIDHĀRI

giridhāri jai giridhāri
sugaṇḍha tulasi dala vanamālī
giridhāri jai giridhāri

Hail to He who lifted up the Hill (Govardhana). To He who wears a garland of fragrant basil leaves, hail to that Giridhari!

munijana sēvita mādhava murahara
murali mōhana giridhāri
gōpi manōhara giridhāri
gōpa manōhara giridhāri

To Him who is served by the sages, Beloved of Goddess Lakshmi, Destroyer of the demon Mura, the enchanting Flute Player, Giridhari, who the minds of the Gopis and Gopas enraptured, hail!

GŌPĀLA GŌVINDA

gōpāla gōvinda kṛṣṇa vāsudēva
rādhikā chandra chakōra kṛṣṇa vāsudēva
dāmōdarā achyutā muralī manōhara
vāsudēvā hari vāsudēvā hari vāsudēvā

dēvakī nandana śṛīnivāsā vāsudēvā
jiṣṇu hṛṣīkēśa śauri vāsudēvā
nārada munīndrānanda nanda yaśōdānanda
vāsudēvā hari vāsudēvā hari vāsudēvā

śyāma sundara manōharā vāsudēvā
patmanābhā kamalekṣaṇā vāsudēvā
śyāmaḷa kōmaḷa anga śēṣa śayana kēśavā
vāsudēvā hari vāsudēvā hari vāsudēvā

nanda nandā janārdhanā vāsudēvā
dīna nātha duḥkha bhanjanā vāsudēvā
jaya sindhu dharaṇīdharā sundara mukhāravindā
vāsudēvā hari vāsudēvā hari vāsudēvā

gōpī nāthā madana mōhanā vāsudēvā
navanīta priya dadhi chōrā vāsudēvā
kṛṣṇa kamala lōchana gōpī lōla vanamāli jaya
vāsudēvā hari vāsudēvā hari vāsudēvā

nitya nirguṇā niranjanā vāsudēvā
atimadhura sundara rūpā vāsudēvā
chāru chandrāvatamsa chandanālēpanānga
vāsudēvā hari vāsudēva hari vāsudēvā

muktidāyakā mukundā hari vāsudēvā
yādavēndra yadu bhūṣaṇā vāsudēvā
kēvala gopāla ghana śyāmā ramā vallabhā
vāsudēvā hari vāsudēvā hari vāsudēvā

bhakta mandāra varatīra vāsudēvā
paramānanda divya sundara vāsudēvā
bhava bandhana vimōchakā dvāraka nāyaka
vāsudēvā

vāsudēvā hari vāsudēvā hari vāsudēvā

nava navanīta rasikā vāsudēvā
agaṇīta lōka nāyakā vāsudēvā
bhavya yōgī paripālaka bhaktō dhāraṇa
vāsudēvā hari vāsudēvā hari vāsudēvā

gōpāla	Protector of the cows
gōvinda	Lord of the cows
vāsudēva	Son of Vasudeva
hari	Destroyer of samsara
rādhikā chandra chakōra	The chakora bird that drinks in the moonbeams of Radha's face
dāmōdara	Who was bound to a mortar
achyuta	Unshakeable
murali	Flute player
manōhara	Enchanter of the mind
dēvakī nandana	Son of Devaki
Srīnivāsa	Abode of Sri (Lakshmi)
jiṣṇu	Arjuna
hṛṣīkēśa	Lord of the senses
śauri	Born in the clan of Sura
nārada munīndrānanda	The bliss of great sages like Narada
yaśōdānanda	The bliss of Yashoda
patmanābha	Lotus-navelled
kama lēkshana	Lotus-eyed
śyāmala kōmala anga	Limbs of the hue of a blue lotus
śēṣa śayana	Reclining on the serpent of Time
kēṣava	Slayer of the demon Kesi
nanda nandana	Son of Nanda
dīna nātha dukha bhanjana	Destroyer of the misery of the afflicted

jaya sindhu dhara nīdhara	Who victoriously raised the earth from the bottom of the ocean
sundara mukhāravinda	Beautiful lotus-faced One
gōpinātha	Lord of the Gopis
madana mōhana	Enchanter of even Cupid
navanīta priya	Fond of butter
dadhi chōra	Stealer of curds (yogurt)
kamala lōchana	Lotus-eyed
gōpi lōla	Soft hearted towards the Gopis
nitya nirguna niranjana	Eternal, without qualities blemishless
atimadhura sundara rūpa	Exquisitely sweet,beautiful form
chāru chandrāvatamsa	Moon-like face
chanda nālēpa nanga	With limbs smeared with sandalwood paste
mukti dāyaka	Giver of Liberation
mukunda	Bestower of Salvation
yādavēndra	Lord of the Yadus
yadu bhūshana	Ornament to the race of Yadu
kēvala	Sole Reality
ghana śyāma	Of deep blue hue
ramā vallabha	Lord of Goddess Lakshmi
bhakta mandāra varatīra	Boon-giving tree to the devotees
paramānanda	Supreme Bliss
divya sundara	Divine Beauty
bhava bandhana vimōcana	Destroyer of the bonds of becoming
dvāraka nāyaka	Lord of Dvaraka city
nava navanīta rasika	Enjoyer of butter
lōka nāyaka	Lord of the world

aganīta	Innumerable
bhavya yōgi paripālaka	Sustainer of humble yogis
bhaktō dhārana	Who uplifts the devotees

GŌPĀLA KṚṢṆĀ

gōpāla kṛṣṇā rādhā kṛṣṇā
kṛṣṇā gōpāla kṛṣṇā
kanaiyyā gōpāla kṛṣṇā śrī kṛṣṇā śrī kṛṣṇā śrī kṛṣṇā śrī kṛṣṇā
kṛṣṇā gōpāla kṛṣṇā
kanaiyyā gōpāla kṛṣṇā

satrū kurūṇām sakha pāṇdhavā nām
kṛṣṇā vāsudēva
śrī kṛṣṇā śrī kṛṣṇā śrī kṛṣṇā śrī kṛṣṇā
hē nātha nārāyaṇa vāsudēva
śri kṛṣṇā gōvinda harē murārē
hē nātha nārāyaṇa vāsudēva

gōpāla	The Protector of the cows or Lord of the senses
kṛṣṇā	The Lord who attracts irresistibly
rādhā	Krishna's consort, the Divine Energy or Power
kanaiyyā	Darling child
satrū kurūnām	The enemy of the Kurus
sakha pāṇdhavā nām	The friend of the Pandavas
vāsudēva	Son of Vasudeva, Krishna's father, Also the One who dwells in all.
hē nātha	O Lord
nārāyaṇa	The form of Lord Vishnu which reclines on the serpent Ananta

gōvinda	Lord of the cows.
harē	The Stealer of our hearts.
murārē	Slayer of the demon Mura.

GŌPĪ VALLABHA

gōpī vallabha gōpāla kṛṣṇā
gōvardhana giri dhārī
rādhā mānasa rājīvalōchanā
kāyām pūvuṭal varṇṇā kṛṣṇā (gōpī)

O Gopala Krishna, Beloved of the Gopis, Uplifter of the Govardhana Hill, Lotus-eyed One in Radha's mind, Thy color is that of a blue lotus.

vṛndāvana sañchāriyām kṛṣṇā
chen tāmara daḷa nayanā
bandhama kattuka nanda kumārā
sundara bāla- mukundā- kṛṣṇā (gōpī)

O Krishna who moves about in Vrindavan, whose eyes are like the petals of a red lotus, O Son of Nanda, rid me of all bondage. O beautiful Child Krishna, Bestower of Liberation.

madhurādhi patē śrī kṛṣṇā
sakalā maya hara dēvā
paritāpakanām tava pada dāsanu
abhayam nalkuka dēvā kṛṣṇā
abhayam nalkuka dēvā (gōpī)

O Sri Krishna, Lord of Mathura, who destroys all sorrow, deign to give refuge to the afflicted servants at Thy Feet.

GŌVARDHANA GIRIDHĀRI

gōvardhana giridhāri
gōpikā jana hṛdaya vihārī
gōkulabālā līlālōlā
gānāmṛta muralī ravadhārī

O Thou who lifted up Govardhana Hill, who plays in the hearts of the shepherd women, who protects Gokula and indulges in play, who bears the sweet sound of the flute.

kāliyamada bhaya damana naṭana
kāmana nāśana kāmita phaladā
kiñchana pōlum tāmasa marutini
kañja dalāyata lōchanā varū nī kaṇṇā kaṇṇā

Thou has danced on the snake Kaliya's head in order to dispel fear of him caused by his pride. O Thou who destroys desires and offers desired things, please do not delay even for a short time to come, O Thou with large eyes like lotus petals.

sañchita karma phala pradanām nin
piñchika pōliḷakīṭum mānasam
pañcha hayangaḷe bandhicchaṭiyan
nin chēvaṭikaḷila maruvatennō kaṇṇā

Thou art the One who gives the fruits of one's accumulated actions. My mind is shaking like a peacock feather while trying to control the five senses. O Krishna, when will I merge in Thy Feet?

madhura manōhara mṛdula kaḷēbara
māyā mōhana mādhava mukundā
mīna dhvaja kaustubha vanamālī
mām paripālaya tāraka bhagavan

O Thou whose body is soft, sweet and enchanting. Beloved of the Goddess of Wealth, Bestower of Liberation, Enchanter through Maya who has the sign of the fish on His banner, O Thou who wears the Kaustubha gem and a garland of wild flowers, O Lord, please protect and save me.

GOVARDHANAGIRI KUṬAYĀKKĪ

gōvardhana giri kuṭayākki
gōpika rādhaye sakhiyākki
gōpakumāra en hṛdayam
gōkula mākki

O Cowherd Boy, Thou hast made the Govardhana Hill into an umbrella and hast made Radha Thy dear friend. O Krishna, Thou hast transformed my heart into Gokulam (Krishna's sporting place).

nizhaline nīla nilāvāyi māttum
muralī mōhana nin gānamam
karaḷil puṇyam viṭaṛunnu
priyatara śrīdhara nāmam

O Enchanting Player of the flute, Thy divine music makes even shadows into silverblue moonlight. Thy endearing Name, O Giridhara, will fill the mind with auspiciousness.

azhaline ellām madhuvāyi māttum
karaḷil mādhava nin bhāvam
uyiril prēmam potiyum divyam
sukhakara sundara rūpam

O Madhava, Thy different moods will transform the sorrows of the heart into nectar. Thy beautiful and pleasing Form will fill one's life with love overflowing.

GŌVINDA KṚṢṆA JAI

gōvinda kṛṣṇa jai gōpāla kṛṣṇa jai
gōpāla bāla bāla rādhā kṛṣṇa jai

kṛṣṇa jai kṛṣṇa jai kṛṣṇa jai
kṛṣṇa kṛṣṇa kṛṣṇa kṛṣṇa jai

gopika māla hari pyāri mayi mīra mana vihāri
madana mōhana muralidhāri kṛṣṇa jai

kṛṣṇa jai rāma kṛṣṇa jai rādhā kṛṣṇa jai
bāla kṛṣṇa kṛṣṇa kṛṣṇa kṛṣṇa jai

gōvinda	Lord of the cows
gōpāla	cowherd
bāla	child
gōpika māla hari pyāri	Beloved Lord of the Gopis
mayi mīra mana vihāri	Who plays in Mother Mira's mind
madana mōhana	Enchanter of the mind
muralidhāri	Holding the flute

GŌVINDA NĀRĀYAṆA

gōvinda nārāyaṇa gopāla nārāyaṇa
gōvinda gōvinda nārāyaṇa
gōvinda gopāla nārāyaṇa
gōvinda gōvinda nārāyaṇa
hari gōvinda gōpāla nārāyaṇa
gōvinda ānanda nārāyaṇa

HAMSA VĀHINA DĒVĪ

hamsa vāhana dēvī
ambā sarasvatī

O Goddess who rides the swan, Mother Saraswati (Goddess of Wisdom).

akhila lōka kalā devī ambā sarasvatī
hamsa vāhana dēvī ambā sarasvatī

Who is the Moon to the entire Universe.

sṛnga śaila vāsini ambā sarasvatī
sangīta rasa vilāsini ambā sarasvatī

Who resides on the Sringeri Mountain, Who plays in the bliss of music.

HARĒ KĒŚAVA GŌVINDA

harē kēśava gōvinda vāsudēva jaganmaya
śiva śaṅkara rudrēśa nīlakaṇṭha trilōchana

gōpāla mukunda mādhava
gōparīkṣa dāmōdara

gaurī pati śiva śiva harē
dēva dēva gangādhara

madhusūdana madana mōhana
madhu vairi maṅgalākara

mahādēva mahēśvara
mṛtyuñjaya bhava bhaya hara

sītā nātha rādhā nātha lakṣmī nātha jagannātha
gangā nātha gaurī nātha dīna nātha viśvanātha
(harē)

harē	Lord Vishnu
kēśava	Slayer of the demon Kesi
gōvinda	Lord of the cows (senses)
vāsudēva	Son of Vasudeva
jaganmaya	Pervading the Universe
śiva	Auspicious One
hara	The Destroyer
rudrēśa	Lord of the Rudras
nīlakaṇṭha	Blue-throated Lord
trilōchana	Having three eyes
gōpāla	Protector of the cows
mukunda	Giver of Liberation
mādhava	Beloved of Goddess Lakshmi
gōparakṣaka	Protector of the cowherds
dāmōdara	Who was bound around the waist with a rope
gaurīpati	Husband of Parvati
hara	Destroyer
dēva dēva	God of gods
gangādhara	Wearing the Ganges River on His head
madhusūdana	Slayer of the demon Madhu
madana mōhana	Enchanter of the mind
madhuvairi	Foe of the demon Madhu
mangalākara	Giver of auspiciousness
mahādēva	Great God
mahēśvara	Great Lord
mṛtyunjaya	Conqueror of death
bhavabhaya-hara	Destroyer of the fear of Becoming
sītā nātha	Lord of Sita
rādhānātha	Lord of Radha

gangānātha	Lord of Ganges
lakṣmīnātha	Lord of Lakshmi
jagannātha	Lord of the universe
gaurīnātha	Lord of Parvati
dīnanātha	Lord of the afflicted
viśvanātha	Lord of the Universe

HARĒ MURĀRĒ

harē murārē madhu kaiṭa bhārē
gōvinda gōpāla mukunda śaurē

O Hari who slayed the demons Mura, Madhu and Kaitabha, Lord and Protector of the cows, Bestower of Liberation who is born in Surasena's dynasty.

anantā śrīdharā gōpāla kēśavā
mukundā mādhava nārāyaṇa harē

O Infinite One bearing Goddess Lakshmi on Thy chest, Govinda, Slayer of Kesi, Bestower of Liberation, Beloved of Lakshmi who hovers over the Primeval Waters, O Hari.

dēvakī nandana gōpikā ramaṇā
bhaktōdhāraṇa trivikramā

Darling of Mother Devaki, Beloved of the Gopis, Uplifter of the devotees, who took three strides to cover the entire Universe.

HARIYUṬE KĀLIL

hariyuṭe kālil vīzhātārkkum
pari tāpāgni śamikkilla
nityam guruve vaṇaṅgātārkkum
nirvāna sukham kiṭṭilla

Without falling at the Feet of God (Hari), none can extinguish the fire of the sorrow of transmigration. Without bowing forever to the Guru, none will gain the bliss of Liberation.

nāma japattil muzhukā tārkkum
īśanilettān āvilla
bhakti rasattil layikkā tārkkum
muktāvastha labhikilla

None can reach the Lord without getting absorbed in the chanting of the Name. Without merging in the sweetness of devotion, none can attain the state of Liberation.

dhyāna japādikaḷ cheytīṭāttōn
ānandāmṛta muṇṇillā
dharmam dayayum kūṭāte sat
karmam cheyyān kazhiyilla

He who does not meditate, do japa and other spiritual practices will not partake of the nectar of Bliss. Without righteousness and compassion, good action cannot be performed.

sangam muzhuvan upēkṣikkāte
samsārāgni keṭukilla
uḷḷil asūya ozhiññī ṭāte
bhagavān nēril varukilla

Without renouncing all attachments, the fire of transmigration cannot be put out. Unless the jealousy within is removed, God will not come before us.

nēriṭṭīśane darśikkāte
nērentāneṇaṛiyilla
ellām īśvaranennaṛiyāte
alla loṭukkān vazhiyilla

Without the direct Vision of God, one will never know what is Truth. Without knowing that all is God, there is no way to end one's misery.

bhaktanu tuṇayam tōzhanu tāngum
bhagavān allā tingilla
īśvaran nammōṭottuḷ appōḷ
āśrayamatta varāṇō nām?

In this world, only God is the Friend of the devotee and the Support of the helpless. When He is with us, how can we be without support?

HĒ AMBA

hē amba hē amba hē amba bōl
īśvara sata chita ānanda bōl
sāmba sadāśiva sāmba sadāśiva
sāmba sadāśiva bōl
pālaka prē raka satipati bōl
ambā ambā jaya jagadambā
akhilāṇdhēśvari jaya jagadambā

Say "O Mother, O Mother, O Mother", Say "Lord, Existence, Awareness, Bliss Absolute", Say "Eternally Auspicious One", Say "Protector, Inspirer and Lord of all". Hail to Mother, the Universal Mother, Hail to the Mother of the entire Universe!

HĒ GIRIDHARA GŌPĀLĀ

hē giridhara gōpālā (3 x)
mādhava murahara madhura manōhara
giridhara gōpāla

O Thou who holds the Hill, Protector of the cowherds, Beloved of Lakshmi, Destroyer of the demon Mura, Sweet One, Enchanter of the mind.

nanda kumārā sundarākārā
vṛndāvana sañchāra
muraḷī lōla muni jana pāla
giridhara gōpala

O Son of Nanda of Beautiful Form, who sports in Vrindavan, Player of the flute, Protector of the sages.

kaustubha dhāra mauktikakārā
rādhā hṛdaya vihāra
bhaktōdhāra bāla gōpālā
giridhara gōpāla

Thou who wears the Kaustubha gem and pearl necklace, who plays in Radha's heart, Uplifter of devotees, O Baby Krishna.

gōpari pāla gōpīlōla
gōvardhanōdhāra
nanda kumārā navanīta chōrā
giridhara gōpālā

Protector of the Gopas, who plays with the Gopis, Uplifter of the Govardhana Hill, Son of Nanda who steals butter.

HĒ MĀDHAVA YADU NANDANA

hē mādhava yadu nandana
manamōhana hē madhusūdana
janārdhana rādhā jīvana
gōpālanā gōpī ranjana

O Beloved of Goddess Lakshmi, Son of the Yadu clan, Enchanter of the mind, Killer of the demon Madhu, Oppressor of the wicked, the very Life of Radha, Protector of the cows and Delighter of the Gopis.

HṚDAYA NIVĀSINI

hṛdaya nivāsini ammē snēhamayi ammē

O Mother, Dweller in the heart, Embodiment of affection.

onnum uriyāṭān aṛiyillamē
nin tirunāmangaḷallāte

I could utter nothing but Thy sacred Names.

nin charitam pakarnnu nalkuvān
anugraham ēkaṇē lōkamātē
laukika bhōgavum sukhavum vēnda
vēndatu nirmala bhaktimātram
(hṛdaya)

O Mother of the World, be gracious enough to enable me to tell Thy story. I want neither worldly enjoyment nor pleasure. I want only pure devotion.

janmangaḷetra kazhiññu pōyi
trippādam chērāte pāzhāyi
ammē nin apāra kāruṇyattāl
ī janmam nin tirumunniletti

How many births have been wasted without reaching Thy Holy Feet? Now Mother, due to Thy fathomless compassion, I have reached Thy Holy Presence.

nirmala snēha sāgaramē
aviṭuttēykkenne ñānarppippū
venda onnumē vēndenikku
ninne aṛiyātta jīvitam (hṛdaya)

O Ocean of Pure Love, to Thee I offer myself. I want nothing nor a life that knows not Thee.

bhārangaḷēnti ñān janma janmaṅgaḷāyi
ammaye aṛiyāte naṭannu
ī janmam ninne kandu ñānā-
bhārangaḷellām ninakku tannu
sthiramāyatonnumē kāṇunnillammē
ninte chaitanya mallāte
ā chaitanya dhārayil aliññu
ennile ñān maṛanniṭaṭṭe (hṛdaya)

Not knowing Mother, I carried the burden birth after birth. Now in this birth, having seen Thee, I have surrendered all burdens to Thee. O Mother, nothing that is seen is permanent except Thyself. Dissolving in the current of that vibrant Energy, let me forget myself.

randalla ñānum ammayum ennamma
ennō ṭōtiyirun ennālum
onnāyi kāṇuvān kelpillenikkennum
paitalā vānāṇu mōham
paitaline ennennum amma
ichhayōṭe vaḷarttīṭum allō
attṛkkara sparśattāl ente
pāpangaḷ okkeppōkum allō (hṛdaya)

Even though Mother told me that She and I are not two but One, yet I have not the capacity to see so. I want only to be Thy child, O Mother. Mother would always look after a child with care and by the touch of Her hand all my sins would vanish.

entini tāmasam chōlka tāyē
ī paital aviṭutte svantam allē
svantam āṇennu ninachu ninachu ñān
nimiṣaṅgaḷeṇṇi kazhichiṭunnu

entini cheyyaṇam ninnil layikkuvān
mārgam iniyum kāṭṭukillē
ñān onnumēyalla ammē ellām
nī tanne nī tanne sarvasvavum (hṛdaya)

Tell me, Mother, is not this child Thy own? Then why this delay? Thinking that I am Thy own, I am counting each moment and wondering what is to be done to come closer to Thee. Won't Thou show me the way? I am nothing and Thou art all that is, Thou alone art all.

HṚDAYAPUṢPAMĒ

hṛdayapuṣpamē parayū nin
nayanam nanañña jalamētu?
duḥkha bāshpamō? ānanda bāṣpamō?
tēnō? snēharasamō? (hṛdaya)

Tell me, O flower of my heart, with what water are your eyes moistened? Is it tears of sorrow or tears of joy or honey or is it the juice of Love Itself?

anubhūtikaḷuṭe madhura smṛtiyāl
ākatār tiṅgiyoramṛtō?
paṛayū nayanam nanayān chērnna
vikāram mānasamalarē paṛayū (hṛdaya)

Or is it due to the ambrosia that oozes from the sweet remembrance of most joyful divine experiences? Tell me, O flower of my mind, what is that emotion which makes your eyes moist?

āśa naśikkāykkil klēśa miyannīṭām
klēśa manas ennāl bāṣpa miyannīṭām
svātma vichārattāl svartthata pōyenennāl
ātmānandattil bāṣpa kaṇam tūkām (hṛdaya)

If desires are not exhausted there will be sorrow, the sorrowful mind will be the cause for shedding tears. But if, by the enquiry into the Self, selfishness is eradicated, one can shed tears of the bliss of the Self.

HRĪM KĀḶI

hrīm kāḷi mahākāḷi ammē amṛtānandamayī
bhavatāriṇī avatāriṇī
karuṇāmayī ānandamayī, ammē amṛtānandamayī

O Goddess Kali identified with the sound 'Hrim', the Great Kali, Mother Amritanandamayi, who takes one across the Ocean of Becoming, an Incarnation of Compassion and Bliss, Mother Amritanandamayi.

ādiyil ennamma tāmara kaṇṇanāyu
pinne kāḷitan sākṣāt svarūpamāyu
kāḷi śāntamāyu laḷitāmbikayāyu
makkaḷkkammayāyu bhaktarkka bhayamāyu
dāsānu dāsiyāyu atikku guruvāyu
aṭiyaṇu sarvam nī ammē bhagavatī
karuṇāmayī ānandamayī, ammē amṛtānandamayī

In the beginning my Mother became the Lotus-eyed One. Then She became Kali, Her actual Form. Kali became peaceful becoming Lalitambika, the Mother for Her children. She became the Refuge for the devotees, the Servant of servants, the Guru for ascetics, and everything for lowly me. O Mother Bhagavati, gracious Amritanandamayi.

kaṇṇin ānandam nin kṛṣṇabhāvam
karaḷinu kuḷirēkum nin dēvi bhāvam
kaṇṇinum kannāya kaṇkandadēvatē
aṛiññum aṛiyāteyum cheyta pizhakaḷe
poṛuttu kāttukoḷkammē bhagavati
karuṇāmayī ānandamayī, ammē amṛtānandamayī

Thy mood as Krishna is a delight to the eyes, Thy mood as Devi soothes the heart, O Goddess in a visible form, Eye of my eyes. For wrongs done knowingly or unknowingly, forgive and protect me, O Mother Bhagavati, Amritanandamayi.

ICHCHĀMĀYI

ichchāmayiyām nin ichcha polallayō
viśvattil entum naṭappatammē
nī cheyyum karmangaḷ ōrōnnum mānuṣar
tān cheyvatennu tān ōrkkayallō

O Mother who is of the form of volition (will), everything in this Universe moves according to Thy wishes. Everything is really done by Thee but people consider themselves as the doers.

ānaye cēr tannil magnam ākkunnatum
tāne naṭappatum nī tānallō
nin kṛpa undenkil ētu mūṭantanum
van mala kēṛān viṣamam undō

Thou art the One who does and undoes, who casts the veil of ignorance and removes it as well. If Thy grace is there, a lame man feels no difficulty in climbing over a mountain.

brahmapadam chilarkkēkiṭum amma tān
chummā chilare validcheṛiyum
ñān antram nī antri ñān ratham nī rathi
ñān gṛham nī gṛhan āyikayum

The same Mother who bestows the Brahmic State to a few hurls others into darkness. I am the machine, Thou art the operator of the machine. I am the chariot and Thou art the Charioteer. I am the house and Thou art the Householder.

evvaṇṇam amma enne kondu cheyyikkum
āvvidham ellām ñān cheyvu tāyē
ichchāmayi yām nin ichcha pōlallayō
viśvattil entum naṭappatammē

I shall act in whatever way Thou make me act. The whole Universe moves in tune to Thy wishes, O Thou whose very nature is volition.

IṬAMILLĀ

iṭamillātalayunna vazhipōkkanāyi - ammē
śaraṇārttham aṇayunna vazhikāṭṭiṭū
nilayillā tozhukunna nadi tannilalayāte
karayettān utakunna gatiyēkiṭū (iṭamillā)

A wanderer am I here, who has no hearth or home. O Mother, give me refuge and lead me towards Thee. Let me not get tossed about in the deep waters, but extending Thy helping hand, take me to the shore.

chitatannil eriyunna ghṛtam ennapōl - manam
eriyunnu piṭayunnu bhuvitannilāyi
chiṛakatta paṛavaykku nilamundukēḷ - ī
manujannor avalambam iniyārammā? (iṭamillā)

Like butter poured in fire, my mind is being burnt in this world. A bird can at least fall to the earth, but for a human being, who but Thee art the Support?

tirupādamalar tannil amarnnīṭuvān -ammē
kotivanna'taha'm ennu karutāvatō?
mama mātā tiru nāmam oru nēramen
akamēninnutirnnāl nī veṭiyāvatō? (iṭamillā)

Wishing to come to Thy Lotus feet, O Mother, calling Thy Name but once, I thought this simple child would not be forsaken by Thee. Was that wrong? I know not, O Mother.

iniyennu tarum ninte padadarśanam - ammē
atināyinnaṭiyente manam ēkuvēn
avakāśamatinillē bhuvanēśvarī! en
akatāril iniyennu prabhatūkiṭum? (iṭamillā)

When will I be blessed with the Vision of Thy Feet which my mind ever craves to reach? O Mother of the Universe, do I not deserve that much at least? When, O when will Thy Presence illumine the mind?

ĪNĪ ORU JANMAM

ini oru janmam ivanē kolā kṛṣṇā
mati mōha cheḷiyil kāliṭaṛi vīzhum
ēkukil tava bhakta dāsānu dāsanāyi
kazhiyuvān ivan ennum varamēkaṇam! (ini)

O Krishna, give me not another birth lest I fall into the deep quagmire of delusion. If Thou givest, then bestow the boon of taking birth as the servant of Thy servants forever.

tirunāmam manassinnu taṛavākaṇam kṛṣṇā
tava pāda mālarennum teḷivākaṇam

sakalavum bhagavānte pratibhayāyi tōnnaṇam
samanilayavirāmam uṟavākaṇam!

O Krishna, Thou should fill my mind with Thy Holy Name and reveal Thy Lotus Feet bright and clear therein. Keeping my mind ever equipoised, all should be felt to be Thy manifestation.

kṛṣṇā karuṇānidhē
tozhunnēnivan kaitozhunnēn (ini)

O Krishna, Treasure of Compassion, I salute Thee with joined palms. I humbly salute Thee.

avaniyil upakāra pradamākaṇam - janmam
avināśa sukhadāna gatiyākaṇam;
anumati atināyi tarumeṅkil anavadhi -
nara janmam iniyum nī ivanu nalkū!
kṛṣṇā karuṇānidhē
tozhunnēnivan kaitozhunnēn (ini)

If I should get another birth, let it be beneficial to the world by giving the Imperishable Joy to others as well. If Thou allowest me that, then please give me any number of births as a human being. O Krishna, Treasure of Compassion, I salute Thee with joined palms. I humbly salute Thee.

ĪŚVARĪ JAGADĪŚVARĪ

īśvarī jagadīśvarī
paripālakī karuṇākarī
śāśvata mukti dāyakī mama
khēdamokke ozhikkaṇṇē

O Goddess, Goddess of the Universe, Preserver and Giver of Grace and Eternal Liberation, please rid me of all my sorrows.

klēśa sampūrṇṇamākumī lōka
jīvita sukham kandu ñān
agniyil salabhangaḷ vīzhvatu
pōleyākki valayikkallē

I have seen the pleasures of this worldly life so full of afflictions; please do not make me suffer like the moths that fall into the fire.

āśa pāśatte munnil nirttiyum
kālapāśatte pinnilum
iṭṭu korttu kaḷippikkunnatu
kaṣṭam allayō mātāvē

Bound by the noose of desire in front and the noose of death at the back, O Mother, to play tying them together, isn't it a pity?

innu kaṇmatu nāḷe illahō
chinmayī ninte līlakaḷ
uḷḷa tinnoru nāśamē illa
nāśa muḷḷata naśvaram

What is seen today is not there tomorrow. O Pure Consciousness, this is Thy play. What really is, has no destruction. Anything destructible is transient.

mōśamām vazhi kāṭṭiṭātennil
śāśvatē kaniyēṇamē
klēśa nāśini śōkabhārama
katti ṭeṇamē mātāvē

Without showing the wrong path, shed Thy Grace on me, O Eternal One. O Mother, Destroyer of misery, remove my burden of sorrow.

marttya janma phalam varuttuvān
lōkamātāvē kaitozhām

lōkanāyakī sarva rūpiṇi
kumpiṭunnu ñān nin pādam

O Mother of the World, for achieving the fruit of human birth, I pray with joined palms. O Goddess of the World, All-formed One, I bow at Thy Feet.

JAGADĪŚVARI DAYĀ KARŌ

jagadīśvarī dayā karō mā
śivaśankarī kṛpā karō mā
sarvēśvarī rakṣā karō mā
bhuvanēśvarī dayā karō mā
śivaśankarī kṛpā karō mā

O Goddess of the Universe, show Thy kindness. O Auspicious One, bestow Thy Grace. O Goddess of All, protect us. O Goddess of the Earth, show Thy kindness.

JAI AMBĒ

jai ambē jagadambē
mātā bhavānī jai ambē

Hail to the World Mother. Hail to Mother Bhavani (Consort of Shiva)!

duḥkha vināśini durga jai jai
kāla vināśini kāḷi jai jai

Hail to the Destroyer of misery, Durga! Hail to the Destroyer of Death, Kali!

umā ramā brahmāṇī jai jai
rādhā rukminī sītā jai jai

Hail to Parvati, Lakshmi and Sarasvati! Hail to Radha, Rukmini and Sita!

JAI JAI JAI GAṆA NĀYAKA

jai jai jai gaṇa nāyaka
jai jai jai vigna nāśaka
gajavadana gauri nandana
gangādhara śiva śambō nandana

Hail to the Lord of Shiva's attendants! Hail to the Destroyer of obstacles! To the elephant-headed Son of Parvati, Son of Shiva, hail!

JAI JAI RĀMAKṚṢṆA

jai jai rāmakṛṣṇa harē
jai jai rāmakṛṣṇa harē

daśaratha nandana rāma namō
vasudēva nandana kṛṣṇa namō

Salutations to Rama, Son of Dasaratha, Salutations to Krishna, Son of Vasudeva.

kausalya tanayā rāma namō
dēvaki nandana kṛṣṇa namō

Salutations to Rama, Son of Kausalya, Salutations to Krishna, Son of Devaki.

ayōdhya vāśi rāma namō
dvāraka vāśī kṛṣṇa namō

Salutations to Rama, resident of Ayodhya, Salutations to Krishna residing in Dvaraka.

sītā vallabha rāma namō
rādhā vallabha kṛṣṇa namō

Salutation to Rama, Sita's Lord, Salutations to Krishna, Radha's Lord.

rāvaṇa marddana rāma namō
kamsa niṣūdana (vimardana) kṛṣṇa namō

Salutations to Rama, killer of Ravana, Salutations to Krishna, killer of Kamsa.

JAI RĀDHĀ MĀDHAVA

jai rādhā mādhava jai kuñja vihārī
jai gōpī jana vallabha jai girivara dhārī
yaśōda nandana vraja jana ranjana
yamunā tīra vanachārī
harē rāma harē rāma
rāma rāma harē harē
harē kṛṣṇa harē kṛṣṇa
kṛṣṇa kṛṣṇa harē harē

kuñjavihāri	One who sports in the grove of trees.
gopījana vallabha	Beloved of the Gopis.
girivaradhāri	Who held the mountain Govardhana on His hand.
yaśōda nandana	The Son of Yasoda.
vrajajana ranjana	The cause of happiness for the inhabitants of Vraja.
yamunā tīra vanachārī	One who walks in the forest along the banks of the river Yamuna.

JAYA JAYA ĀRATI

jaya jaya ārati rāma tumāri
pīta vasana vayi jayanti mālā
śyāma bharana tanu nayano visāla

Hail! Hail! We do the auspicious waving of lights to Thee, O Rama. Thou hast yellow raiment, a garland of wild flowers, a body of dark hue and large eyes.

pīta makutā kasa saranga sohe
sīta rāmani rēkha mana mōhe
nārada śārada mangala gāve
hari hari hē guṇa rāja gabhīra

Thy golden yellow crown, bow and its string all shine. Enchanting is Sita's beautiful form. Sage Narada and Goddess Sarasvati sing auspicious songs. Lord Hari is a virtuous, majestic king!

satrugna o jaya lakṣmana bhārata
ārati karu kausalya mātā
sammukha charana sakhe hanuvīra
hari hari hē guṇa rāja gambhīra
śri rāma jaya rāma jaya jaya rāma
jagadāti rāma jagatēka rāma jānaki rāma

We are doing arati to Satrugna, Lakshmana, Bharata and Mother Kausalya. O friend Hanuman, Thou art in front of Rama's Feet. Lord Hari is a virtuous, majestic king! Victory to Sri Rama! Rama is the greatest in the world! He alone exists!

JAYA JAYA DĒVĪ

jaya jaya dēvī dayāmayi ambē
karuṇārṇṇava sudhayaruḷuka ambē
arumaṛa ōtuka aṭiyaṅgaḷkkāyi
amṛtānandamayī mama dēvī

Victory! Victory to Mother who is full of kindness. O Mother, kindly give the bliss of Thy ocean-like Compassion. Utter the Vedas for Thy servants, O my Goddess Amritanandamayi.

anavaratam tava charaṇa smaraṇam
bhavabhaya haraṇam pāpa vināśam
avikala dharma parāyaṇi śubhadē
amṛtānandamayī mama dēvi

The remembrance of Thy lotus face destroys sin and the fear of becoming, O Thou Who art attached to the Pure Dharma, Giver of auspiciousness, O my Goddess Amritanandamayi.

naśvara lōka sukhaṅgaḷ tyajikkyān
niśchaya dārḍhyamoṭaruḷun ambē
viśva vidhāyaki vimala svarūpē
amṛtānandamayī mama dēvi

O Mother Who emphatically says to give up the comforts of the mortal world, Creatress of the Universe, whose Nature is Purity Itself, O my Goddess Amritanandamayi.

bhaktajanārchita pāvani mahitē
śuddha manōhara susmita vadanē
śakti ezhātta mahatvapadattil
varttikkum amṛtānandamayī!

O great Holy One worshipped by devotees, with a pure enchanting smile on Thy face, in the Supreme State, untouched by desire dwellest Thou, O Amritanandamayi.

śōkāmayamiha dūre akattān
śāradayāyi jani ārnnavaḷō nī
śōbhikkum hṛdayaṅgalil nityam
amṛtānandamayī tava charaṇam

To rid us of this sorrowful world Thou has taken birth as the Goddess of Wisdom O Amritanandamayi, Thy Feet will shed brilliance in the heart forever.

patitarkkāyi nī janma meṭuttu
parahitamē nin pāvana lakṣyam
nararūpam sachinmaya rūpam!
amṛtānandamayī mama dēvī

Thou has taken birth for the sake of the miserable. Thy holy aim being the well-being of others, Thou with a human form, Whose real Form is Being-Awareness, O my Goddess Amritanandamayi.

ātma viśuddhikkāyi tava makkaḷk
ātmānātma vivēchanamaruḷum
svātman imuṅgi ozhukkum tava mṛdu-
vākyam tān amṛtānandam

For gaining a pure mind Thou bestowest the discrimination between Self and non-Self. Immersed in the Atman as Thou art, Thy soft words flow out in an ambrosial stream.

JAYA ŌM ŚRĪ MĀTĀ

jaya ōm śrī mātā mātā
jaya jaya jaganmātā
jaya ōm śrī mātā mātā
jaya jaya jaganmātā
jaya śiva ramaṇi guru guha jananī
jaya vanamana hariṇī

Hail to the Mother, the Mother of the World! Hail to that Beautiful Woman with Shiva, the Mother of Lord Subrahmanya. Hail to the Destroyer of the forest of the mind!

JAYA RĀMA JĀNAKI RĀMA

jaya rāma jānaki rāma
jaya rāma sītā rāma
jaya rāma śrī raghu rāma
jaya rāma sītā rāma
jaya rāma sīta rāma
jaya rāma rāma rāma

KAITOZHUNNEN KṚṢṆA

kaitozhunnēn kṛṣṇā kāruṇya vāridhē
kaitavam ellām akattiṭanē
kandīṭuvān kṛpa ēkuka kṛṣṇā
kañjadaḷāyata lōchananē (kai)

O Krishna, Ocean of Compassion, I salute Thee with joined palms. Please remove all of my sorrows and bless me to be able to see Thee, O Thou with eyes like lotus petals.

kāyāmbū maṇi varṇṇa kōmaḷa śri kṛṣṇa
kāḷunnen mānasam dēvā
vārija nētrā nī pōruvānentitra
tāmasamēṛunnu dēvā (kai)

O Krishna of lovely dark hue like a blue lotus, O Lord, my mind is burning. O Thou with lotus-like eyes, why are Thou so late in coming?

mōham vaḷarunnu mōhana rūpā nin
śōbhana gānam nukarnnīṭuvān
neñchakam tingunna sañchitabhāram ā-
sundara rāgattil chērttiṭaṭṭē (kai)

O Thou of enchanting form, my infatuation is growing to enjoy Thy bright songs. Let all my accumulated burdens, that are swelling within, merge in Thy beautiful tune.

KĀLIṆA KĀṆĀN (NĀRĀYAṆĀ HARĒ)

nārāyaṇā harē nārāyaṇā harē
nārāyaṇā harē nārāyaṇā
nārāyaṇā nārāyaṇā śrī vāsudēvā murārē
śrī vāsudēvā murārē

kāliṇa kāṇānen kaṇṇu kaḷāhanta -
kāḷunnu kāyāmbū varṇṇā
kālikaḷoṭum kuzhal viḷiyōṭum nī
ōṭi vā tāmara kaṇṇā, ōṭi vā tāmara kaṇṇā

O dark-colored One, my eyes are pitifully burning for the sight of Thy Feet. O lotus-eyed One, come running with the cows and the music of the flute.

veṇṇayum pālum tarānilla ñān kuṟe
vēdanakaḷ kāzhchavaykkām
kaṇṇīr kaṇṇaṅgalām muttukaḷ ñān ente
kaṇṇā nin kālkkalarppikkām

Having no butter and milk to offer Thee, I will offer Thee a little of my pain. O Kanna, at Thy Feet I will offer the pearl drops of my tears.

etra nāḷāyi viḷikkunnu ñān nina-
kkittiriyum kanivillē
itramēlentu pizhachu ñān ayyō nī
bhaktajana priyanallē

For how many days have I been calling Thee? Hast Thou not even a bit of compassion? What great error have I committed? Art Thou not the Lover of the devotees?

kēṇu kēṇayyō ñān vīṇiṭum mumbē nī
veṇu vumāyiṅgu vā vā
kēvala nām ninne kāṇāte vāzhuvān
āvatillayyō nī vā vā

Before I fall down crying deign to come with Thy flute unable to live as I am without seeing Thee who are the sole Reality, come, come.

pīlikaḷ chūṭiya kār kūntal keṭṭumā -
kōmaḷappon chāntu poṭṭum
chēlezhum tū maññappaṭṭum enikkonnu
kāṇuvān ennini kiṭṭum

When will I be able to see Thy hair with a peacock feather stuck therein, the lovely bright mark on Thy forehead and Thy lovely pure silk cloth?

kāraṇa pūruṣa kāmitadāyakā
kāyāmbū varṇṇā nī vā vā
kālam kaḷayāte khēdam vaḷarttāte
kāruṇya mūrttē nī vā vā

Fulfiller of desires, Cause of all, O dark-colored One, come,come. Without wasting time and increasing my sorrow, O Embodiment of Compassion, come, come.

KĀMĒŚA VĀMĀKṢI KĀMADĒ

kāmēśa vāmākṣi kāmadē
kāttaruḷī ṭēṇam ñangaḷē
śaktī mahādevī bhakti gamyē namaskāram
vittē eka sattē pūrṇṇa chittē namaskāram

Salutations to Shakti (Divine Energy), the Great Goddess, Who is accessible through devotion. Salutations to the Seed, the One Truth, the Infinite and Perfect Awareness.

kāmeśa vāmākṣi kāmadē
kāttaruḷī ṭēṇam ñangaḷē
sarva charācharattil viḷangumen
sarveśvarī kamalē (kāmēśa)

Protect us, O Thou who art the left eye of Lord Shiva, Who fulfills all desires, Who shines through all animate and inanimate objects, O my Kamala (Lotus), Ruler of all.

viṇṇavar nātha āyiyamarārkku
daṇḍamozhikkumammē
pālāzhi nātha nēyum pālikkunna
pāvanī patmasthitē! (kāmēśa)

Thou, the Goddess of the celestials, protects them from all sorrows. Thou, the Pure One, protects even the Lord of the Ocean of Milk (Vishnu).

apparamēṣṭi kṛtyam vahippatum
viṣṭapē nin kaṭākṣam
brahmāṇḍa bījakartrē namām aham
brāhmī sarasvatiyē (kāmēśa)

The Creator does His work due to Thy glance. Salutations to Thee who came forth from Brahma (the Creator) as Sarasvati, who is the Seed of the entire Universe.

sṛṣṭi sthiti vināśājñyākari
aṣṭāhamkāra nāśē
vīṇanāda priyaykkō niṇam
priyam krōdham varunnēram (kāmēśa)

Creation, sustenance and destruction take place at Thy command, O destroyer of the eight-faceted ego. The One who is fond of the sound of the veena is also fond of blood when angry.

vēdavum brahmavum nī ellā-
jīvanum mōkṣavum nī (kāmēśa)

Thou art the Veda, the Absolute, living beings and Release too.

KANIVIN PORUḶĒ

kanivin poruḷē karuṇā māyanē
kṛṣṇā abhayamēkū kṛṣṇā abhayamekū

O Essence of Mercy, Compassionate One, O Krishna, grant me refuge.

urukīyozhukumī kaṇṇīr kaṇangaḷ tan
katha aṟiyunnillē kṛṣṇā katha aṟiyunillē?
kāḷiya sarppatte meticcha nin pādattil
pūviṭām pūjikkām śrī kṛṣṇā (kanivin)

O Krishna, is the story of these burning tears that flow out, unknown to Thee? Offering flowers at Thy Feet that have crushed the serpent Kaliya, I will worship Thee, O Krishna.

duṣṭa samhāra mûrttē kumārā
śiṣṭaroṭalpavum karuṇa illē?
pālkkaṭal varṇṇā nin pādāravindattil
pūviṭām pūjikkām śrī kṛṣṇā (kanivin)

O Embodiment of the Destroyer of the wicked, have Thee no mercy towards Thy devotees? O Thou Who art the color of the Ocean of Milk, O Krishna, I will worship Thy Lotus Feet with flowers.

matsya kūrmma varāhavum nī tanne
narasimha vāmana bhārgavanum
śrī rāma kalkki janārdananum nīyē
lōkaika nāthā śrī kṛṣṇā (kanivin)

Matsya, Kurma, and Varaha are Thee only as are Narasimha, Vamana, and Bhargava. Thou art Sri Rama, Kalki and Janardhana, O Sri Krishna, Lord of the whole world!

kurukṣētrattil pārtthasārathiyāyi vannu
satyavum dharmavum kāttavanē
satyavum dharmavum pālikkum īsvarā
ñangaḷ ōṭittiri karuṇa kāṭṭū (kanivin)

Thou came as the charioteer of Arjuna at Kurukshetra and protected trth and righteousness. O Lord who preserves truth and righteousness, show a bit of compassion to us.

gītā nāyakā sangīta priyanē
nin gītam chollān karuttu nalkū
uḷḷindeyuḷḷil ninnuruviṭum nin nāmam
kēḷkkunillē nī bhajana priyā (kanivin)

O Lord of the Gita, Lover of music, give the capacity to sing Thy song. O Lover of devotional singing, hearest not Thy sacred Names uttered from the innermost heart?

KANNAṬACHĀLUM

kaṇṇaṭachālum tuṛannālum ennaka-
kkaṇṇilund eppōzhum ente amma

Eyes open or closed, my Mother ever resides in my eyes.

kāruṇyapūram churattum kaṭākṣamōṭāreyum
vārippuṇarnnu gāḍham
snēhābhiṣēkattalātmā valiyikku-
māhlāda sindhuvāṇ ente amma!

With glances pouring forth compassion She hugs one and all. Melting the heart with a shower of love, my Mother is indeed an Ocean of Joy.

taskkara nākaṭṭe, muṣkkara nākaṭṭe,
tan munnil ammaykkaruma makkaḷ
nindikkilum abhivandikkilum prēma-
niṣyandiyāṇennum enteyamma!

A robber or a tyrant, in front of Mother, both are Her darling children. Whether despised or adored, Love always streams forth from Mother.

chetta māṭatteyum viśvēśa śaktitan
tīṭṭūramēki anūgrahikkān
vyāsante maṇṇin undinnum karuttenna
vāstava mudrayāṇ ente amma!

In the lowly place of a poor hut the strength behind the whole universe can manifest. Illustrative of this fact is Mother's life befitting a descendant of the great sage Vyasa.

jātikkuśumbinte nāṭānu; jātiye
pūjicchu pūjicchu muḷḷuvāri
innumā muḷḷil madikkunna jātiye
vellunna snēhamāṇ ente amma!

A land of caste rivalries where caste has been worshipped endlessly, transcending even this enraging thorn of caste is my Mother's love.

kaṇṇine kāṇuvānāvilla kaṇṇinā-
kaṇṇin pratichchāya tanne kāṇām
daivattekkāṇuvānākātta kaṇṇinum
daivattin chchāyayāṇ ente amma

Though the taste of sweetness is enjoyed by the tongue, that sense is not perfect. Perfect sweetness is the love of God and the sense to enjoy that is had through my Mother.

KAṆṆANE KĀṆĀN

kaṇṇane kānān uḷkkaṇṇeku nī kaṇṇā
maṇṇilum viṇṇinum kaṇṇāya nī
veṇṇil āvōlunna puñjiri pūnda nin
ponmukham kāṇuvān kaṇṇēku nī (kaṇṇane)

O Kanna, give the inner eye to see Thee. O Kanna who art the eye (soul) of earth and heaven, give the eye to see Thy bright face which bears a smile that surpasses the moonlight.

kandillayō ente saṅkaṭa minnu nī
mindillayō kaṇṇā ennōṭonnum
kandīṭuvān karaḷ nontiṭunnen kaṇṇā
kandillayō iniyum (kaṇṇane)

Didn't You see my sorrow today? O Kanna, won't You say anything to me? O Kanna, my heart is aching to see Thee. Haven't You noticed me yet?

engum niṛañña nī ingillayō, ñān
onnum tiriyātta kuññallayō
ingu nī pōrumō mangumen mānasē
tingunna śōkam keṭān (kaṇṇane)

O Omnipresent One, are You not here? Am I not a child who knows nothing? Will You come here to rid me of the sorrow that fills my mind?

KAṆṆĀ NĪ ENNE

kaṇṇā nī enne maṛannuvō? - mukil
vaṛṇṇa nī enne maṛannuvō?
deṇṇam perukunnu kaṇṇane kānān-
onnum tiriyāttoren hṛdi (kaṇṇā nī)

O Krishna, have You forgotten me? O Thou with the color of a stormy cloud, have You forgotten me? Not seeing You, my suffering increases and my heart is unable to understand anything.

engō maṛaññu kaḷaññatō -kaṇṇan
enne veṭiññu naṭaññatō?

kaṇṇīr kaṭa lileyk enne nī kaṇṇā
mungā nayacchu maṛaññatō? (kaṇṇā nī)

Where have You disappeared to? O Krishna, have You walked away leaving me behind? O Krishna, have You sent me to drown in the ocean of tears?

nin pāda dāsanāyi ninnu ñān -dinam-
eṇṇi kazhiññu dayā nidhē!
kaṇṇā nī en mana mandirē- varān-
entēya māntam kṛpā nidhē? (kaṇṇā nī)

O Merciful One, counting the days, I have stood at Your Feet as Your servant. O Krishna, Treasure of Compassion, why are You delaying to enter the temple of my mind?

KAṆṆANTE KĀLOCCHA

kaṇṇante kāloccha kēṭṭū annoru
veḷḷi nilāvuḷḷa rāvil

Kannan's (Krishna's) footsteps were heard on a silvery moonlit night.

pullāṅkuzhal viḷi kēṭṭū, enmanam
taṅkakki nāvil layicchu

Hearing the notes of the flute, my mind merged in a golden dream.

ī veṇṇilāvinte tū veṇmayil pūtta
hēmanta saugandha mē kaṇṇā
tēn tūkūmā mandahāsattilen manam
sānandamāyi lasippū kaṇṇā (kaṇṇante)

Manifesting this pure, bright moonlight, O fragrance of the winter season, seeing that honey-laden smile, my mind is shining blissfully, O Kanna.

undanēkam katha chollān enikkante-
kaṇṇā nī pōkarutē kaṇṇā
en matiyil uḷḷorunmādappoykayil
vannu nīrāṭi nilkkū - kaṇṇā (kaṇṇante)

I have innumerable stories to tell. Kanna, please don't go! In the blissful lake of my mind, please stay for a bath.

KAṆṆILEṄKILUM

kaṇṇileṅkilum karaḷin kaṇṇināl
kaṇṇane ñān innu kandu - ente
rādhā ramaṇane kandū - ente
rādhā ramaṇane kandū

Though not with these eyes, today I have seen my darling Krishna, the Beloved of Radha, with the Inner Eye!

saṅkalpa chōrane saundarya rūpane
sangīta kārane kandū - ente
sāyūjya nāthane kandū (kaṇṇileṅkilum)

I have seen the Stealer of the mind, Beauty Personified, the Divine Musician. I have seen my Lord of Oneness.

nīlakkaṭal varṇṇa mundō - āvō
pīlicchuruḷ muṭi undō
ōṭakkuzhalinte nādattilūṭe ñān
kōmaḷa rūpane kandū (kaṇṇileṅkilum)

Was He the blue color of the ocean? Did He have a peacock feather adorning His curly locks? I can't say but, through the sound of the Flute, I have seen His gracious Form.

KAṆṆUNĪR ILLĀTTA

kaṇṇunīr illātta kaṇṇu kaleṅkilum
viṅgukayān ente mānasam - ammē
onnum uruviṭātuḷḷa nāveṅkilum
tingu kayāṇu nin mantram ammē (kaṇṇu)

Though my eyes are without tears, my mind is throbbing with pain. Though my tongue is not uttering anything, it is full of Thy mantra.

kalpalatā vṛkṣa puṣpa daḷangaliḷ
chuttippaṭarnnu pōyi mānasam
attuvizhattīṭuvān uttu nōkkunnitā
niṣṭhura māyā vilāsam (niṣādan) - ammē (kaṇṇu)

O mystical tree which fulfills desires, our mind is always dwelling on thy flowers. I am looking towards Thee to get detachment from this tree, O Mother.

ennātma mañchalil chandanam charttuvān
vanna sumaṅgalayallō - ammē
nin snēha chandrikā sītaḷachchāyayil
enne nī dhanya nākkū - ammē - enne (kaṇṇu)

The body is a covering of our Real Self. Thou who gives the cooling effect of moonlight, fulfill me with Thy Love!

KAṆṆUNĪRKONDU

kaṇṇunīrkondu nin pādam kazhukām
kātyāyanī nī kāiviṭalle

I shall wash Thy Feet with my tears. O Katyayani, forsake me not.

etra nāḷ vēṇam en ambikē
tvadrūpa darśanam ēkuvān

How many days are wanted, my Mother,to grant me the Vision of Thy Form?

kāmarāja priyē nin manaḥśailattil
kāruṇyam undō? chollu chollu

Is there any kindness in Thy hard heart, tell me, O Beloved of Shiva?

vijanamāmī vīthiyilūṭen
varadē teṭi alayunnu ñān

Through this forlorn path I wander in the hope of finding Thee.

kaṇṇunir vēṇam en kathayum vēṇam
kandurasikkān mātramallē

I want tears, I want my story, it is not only to see and enjoy.

oru chenniṛamalar appadataḷiril
arppikkuvān nī anuvadikkū

Will Thou allow me to offer a red flower at Thy Feet?

avadhikaḷ kēṭṭente ātmāvu
āśvasikkunnu nin māyayāl

Though Thou delayest in giving what I want, my mind sits satisfied because of Thy Maya.

kāmarāja priyē! nin manaḥśailattil
kāruṇyam undō chollu chollu!

Is there any kindness in Thy hard heart, tell me, O Beloved of Shiva?

KARĀRAVINDĒNA

karāravindēna padāravindam
mukhāra vindē vini vēśayantam
vaṭasya patrasya puṭē śayānam

bālam mukundam manasā smarāmi

samhṛtya lōkān vaṭapatra madhyē
śayāna mādyanta vihīnarūpam
sarvēśvaram sarva hitāvatāram
bālam mukundam manasā smarāmi

indīvara śyāmaḷa kōmaḷāngam
indrādi dēvārcchita pādapadmam
santāna kalpadrumamāśritānām
bālam mukundam manasā smarāmi

lambālakam lambita hārayaṣṭim
śṛngāra līlāṅkita dantapakaṅgtim
bimbādharam chāru viśāla nētram
bālam mukundam manasā smarāmi

śikyē nidhāyajya pyōdhīni
bahirgatāyām vrajanāyikāyām
bhuktvā yathēṣṭam kapaṭēna suptam
bālam mukundam manasa smarāmi

kāḷindajānta sthita kāḷiyasya
phaṇāgraraṅgē naṭana priyantam
tat puchcha hastam śaradinduvaktram
bālam mukundam manasā smarāmi

KARIMUKIL VARṆṆAN

karimukil varṇṇan vannallō
azhakēṛum nīlakkār varṇṇanallō
mandasmitam tūkum sundara rūpā nin
tiruvuṭal ñangaḷ onnu kandōṭṭe

Kanna (Krishna), of the color of a dark rain cloud, has come! O Kanna of dark hue, so lovely art Thou. O smiling Beauty, let me see Thy holy Form.

śānti nāyakā mukil varṇṇā
śāntata ennil nīyēkītaṇē
gōpakumārakā gōkula nāthā
kālamāyille māla kattān

O cloud-colored Lord of Peace, give peace to my soul. O Shepherd Boy, Lord of Gokulam, is it not yet time to rid me of sorrow?

dēvakī sūtanāyi piṛannōne
gōkula bālā śrī kṛṣṇā
duṣta samhārī siṣṭa samrakṣakā
nin pāda patmam namē namastē

O Krishna, Son of Devaki and Child of Gokulam, O Destroyer of the wicked and Saviour of the good, I bow to Thy Lotus Feet.

KARUNA NĪR KAṬALE

karuṇa nīr kaṭale nin gatimāṛi ozhukukil
śaraṇam vēriniyārammā ammā
śaraṇam vēriniyārammā?

The Sea of Compassion art Thou and if Thou art not compassionate to me, who else is there to give me refuge?

pativāyen hṛdayam nin varavum kāttirunniṭṭum
phalaminnum paritāpamō? ammā
phalaminnum paritāpamō? (karuṇa)

My heart keeps on waiting for Thee. Will this day also be lost in vain, O Mother? Will this day also be lost in vain?

unarvinte salilattāl tazhukiyen hṛdayattin
tanubhāva gati māttumō? ammā
tanubhāva gati māttumō?
maṛakaḷkkum appuṛam maruvum nin mṛduhāsa-
prabhayil ñān vilayīkkuvān ī
narajanmam vijayikkuvān! (karuṇa)

In order that this human birth be fruitful through merging in the transcendent Light of Thy soft smile, remove my body-consciousness by bathing me in the cool water of Awakening.

orunōkku kaṇikāṇān kazhiyāte kālattin
gatiyil ñān viramikkukil ammā
karuṇārasam nī vṛthāchumakkunnatāyi
karutumī janakōṭikaḷ tammil -
paṛayumī janakōṭikaḷ (karuṇa)

If, in the course of time, I vanish devoid of Thy Vision, O compassionate Mother, the coming generations will conclude that Thy compassion is indeed of no avail.

KARUṆĀLAYĒ DĒVI

karuṇālayē dēvi kāmita dāyinī
kārttyāyanī gaurī śāmbhavī śaṅkarī
karuṇālayē dēvī, dēvī (karuṇālayē)

O Goddess, Abode of Compassion, Giver of desired things, O Katyayani, Gauri, Sambhavi, Sankari.

ōmkāra poruḷē ammā ammā ammā
ōmkāra poruḷē nī
ōmkāra nāda priyē ōm śakti mantram kēṭṭālammā
ōm śakti mantram kēṭṭāl
ōṭiyettum mahāmāyē (karuṇālayē)

O Essence of OM, O Mother, Mother, Mother, Thou who art the Essence of OM, Lover of the sound of OM, when Thou hearest the mantra 'OM Shakti', O Mother, Thou wilt come running, O Great Maya (Power of Universal Illusion).

sṛṣṭi sthiti layam ellām nin cheytikaḷ
ellām nī ammā nī tanne ellām ellām
nī allātilla vēṟe agatikku gati ammā
ānandātmikē ammā
ānandātmikē aruḷuka nalvaram (karuṇālayē)

The creation, preservation and destruction of the Universe are all Thy doings. O Mother, all is Thyself, Thou Thyself art all. There is none other than Thee, O Mother. O Mother, this suppliant has no other support except Thee, the Self of Bliss. O Blissful Self, grant me a good boon.

KARUṆA TANKAṬAMIZHI

karuṇa tankaṭamizhi kaṭākṣam taraṇē
tarasā manassukham aṇayān
jananī! tavatṛikkazhaliṇayaṭiyan
tozhutīṭunnakatāril! (karuṇa tan)

O Mother, kindly cast a compassionate glance at me that I may attain peace of mind. I am adoring Thy Holy Feet in the inner flower of my mind.

azhalalakaḷ paripūritamāṇen
akatāril pakaliravellām
avanīpati nī ivanil kaniyū
anutāpāpaha śubhadē! (karuṇa tan)

Day and night waves of sorrow are rising in my mind and overwhelming it. O Mother, Thou art the Ruler of the Earth, Destroyer of sorrow and Giver of good. Therefore, show mercy on me.

nalamoṭu tavapadamalaraṭi kandu-
tozhāniṭa taranē jananī
karuṇā mizhimunapatiyaṇam ivanil
paramānandam niṛayān (karuṇa tan)

Mother, give me a chance to adore Thy flower-like Feet. May Thy look of compassion fall on me that I may become filled with bliss.

dīnata pāram perukum manassil
prēmāmṛta kaṇam nī choriyū;
ānandakkuḷirāzhiyilen manam
nīntān nīrāṭītān (karuṇa tan)

Kindly shower the nectar-like drops of Thy Pure Love on my miserable and helpless mind. By doing so, I can bathe and swim in the cool waters of the Ocean of Bliss.

KĀRUṆYA MURTTĒ

kāruṇyamurttē kāyāmbūvarṇṇā
kaṇṇu tuṛanniṭanē
duḥkhanivārakanallō nīyen
tāpamakattīṭaṇē tāpamakattīṭanē

O Embodiment of compassion Who art of black color, deign to open Thy eyes. Art Thou not the Destroyer of sorrow? This being so, do remove my sufferings.

ulakil āśrayam nīyē
chentāmara kaṇṇā maṇivarṇṇā
pūjaykkanudinam puṣpaṅgaḷ ente
kaṇṇunīrāṇu kṛṣṇā kaṇṇunīrāṇu kṛṣṇā (kāruṇya)

In this world Thou art the shelter, O bright-colored One with eyes like the petals of a red lotus. I worship Thee forever with the flowers of my tears, O Krishna.

iruḷil uzhalukayāyi ñān
mānasamōhana gōpālā
īrēzhulakilum niṟañña śrīdhara
kaṇṇu tuṟannīṭaṇē tāpamakattīṭaṇē (kāruṇya)

O Gopala, enchanter of the mind, I am groping in the darkness. O Thou Who fillest the fourteen worlds, O Sridhara, open Thy eyes and rid me of sorrow.

KĀRUṆYA VĀRIDHE

kāruṇya vāridhē kṛṣṇā
nityam ēṟunnu jīvita tṛṣṇā
illā manassinu śānti- ayyō
vallāteyāyi vibhrānti

O Krishna, Ocean of Compassion,the thirst for life is ever increasing. There is no peace for the mind and alas, confusion is so much.

tettukaḷellām poṟuttū - vannen
netti viyarppu tuṭaykku
kaṇṇā mattilli niyavalambam - ninte
padamalarchēvaṭiyennum

Forgiving all wrongs, wipe off the sweat from my brow. O Kanna, now I have no support other than Thy worshipful Lotus Feet.

tonda varaḷunnu kṛṣṇā
kaṇṇu randum pataṟunnu kṛṣṇā
pādangaḷ randum taḷarnnu - maṇṇil
vīṇu pōvunnu śri kṛṣṇā

O Krishna, the throat is drying up, the eyes are failing, the feet are tired, and I am falling to the ground, O Krishna.

KASTŪRI TILAKAM

kastūri tilakam lalāṭa phalakē
vakṣa sthalē kaustubham - kṛṣṇā

Krishna puts the vermillion mark on His forehead and wears the Kaustubha gem on His chest.

nāsāgrē nava mauktikam - kṛṣṇā
karatalē vēṇum karē kaṅkaṇam

From Krishna's nostril hangs a pearl ring and in His hand is a flute with bracelets around His wrists.

sarvāngē hari chandanam cha kalayam
kaṇṭhē cha muktāvali

Sandalwood paste is applied to all His limbs and there is a pearl necklace around His neck.

gōpastrī pari vēṣṭitō vijayatē
gōpāla chūdāmaṇi - kṛṣṇā

Victory to that Krishna who is surrounded by the cowherd women and is the Crest Jewel of the cowherds!

KĀTINNU KĀTĀYI

kātinnu kātāyi manassin manassāyi
kaṇṇinnu kaṇṇāyi vilasunnorammē
prāṇannu prāṇan nītanneyallō
jīvannu jīvan ninnuṇmayallō (kātinnu kātāyi)

O Mother who shines as the Ear of the ear, Mind of the mind, and Eye of the eye, Thou art the Life of life and Thy Being is the Life of the living.

ātmāvin ātmāvalakaḷkkorāzhi
vidyāmṛtattin amṛtāyorammē
amṛtātmamuttē ānandasattē
śrī mahāmāyē brahmavum nīyē (kātinnu kātāyi)

As the ocean is to the waves, Thou art the Soul of souls. Thou art the Nectar of the nectar of knowledge, O Mother. The Pearl of the Immortal Self art Thou and the Essence of Bliss. Thou art the Great Maya (Illusion) and the Absolute Itself.

kaṇṇaṅgu pōkā manavum chalikkā
vākkaṅgu mūkam ninmunnilammē
kandennu kandōn kandilla ninne
buddhikkum mēle mēvum mahēśi (kātinnu kātāyi)

Neither can the eyes reach Thee nor the mind grasp Thee. Words are hushed in Thy Presence, O Mother. Those who say they have seen Thee have not really done so, as Thou, O Great Goddess, art beyond the intellect.

sūryan jvalikkā svayam chandratāram
ammē nin tējassilellām jvalikkum
dhīran orāḷī vivēkātmabōdhāl
paramtatva viśrāntimārgam gamikkum (kātinnu kātāyi)

The sun, moon and stars shine not of themselves but are illumined by Thy Brilliance. Through discrimination the courageous one alone can tread on the path to the Abode of Eternal Peace, the Supreme Truth.

KAṬUTTA ŚOKAMĀM

kaṭuttaśōkamām taṭattil āzhttiṭāte enne nī
paṭutvam illa bhāgya tāra kaṅgaḷ illa eṅkilum
kanattachinta ninnileykkuṛ achiṭunnatokkeyum
aṭuttu ninnaṛiññu puñchiricchu pōyiṭolla nī

O Mother, let me not fall into this deep, dark pit of sorrow. I am neither a scholar nor was I born under a lucky star. Even knowing all this, O Mother, when my intense thoughts get fixed on Thee, walk not away simply casting a smile at me.

japichu nin varēṇyamāya
vākkukaḷ viśuddhanāyi
tyajicchu sarva saukhyavum
sadā smaricchiṭunnu ñān
janiccha tettu tīruvāneṭutta janmamāni tennu-
racchatokkeyōrttum āśvasicchiṭunnu śāradē!

Renouncing all other forms of happiness and constantly remembering Thee endowed with purity, I chanted Thy transcendent Names. O Eternal Auspiciousness, remembering Thy words that this birth is to exhaust all the errors committed in my past births, I console myself.

saubhāgattin mōdamattu ninneyuttu nōkkumen
tamassakatti buddhi suddhiyēkaṇē dayāmayī
samasta chintayantaraṅga sīmayil teḷikkanē
samasta lōkanāyikēmahatva sīladāyikē

O Embodiment of Compassion, remove my ignorance and bestow pure intelligence on me who, though in the midst of all these worldly pleasures, is always gazing at Thee without being happy. O Ruler of all the worlds, Giver of greatness, light the lamp of equanimous vision in my innermost self.

svanam maṛaññorā suṣupti viṭṭiṭum prabhāvamē
janam tiraññiṭunnu ninne viśvamāke ambikē
manam teḷiññu nōkkiyālakattu kandiṭunna nī
anugrahikkayenneyum sadāpi niṣṭha nākuvān

O Ambike, who transcends even the state of dreamless deep sleep, people are searching the universe for Thee. O Mother who can be seen within if looked for with a clear mind, bless me to get established in that Supreme Reality.

bhavāni, nī ninacchu vente
bhāvi kāryam okkeyum
bhayaśamātti ṭaneṭutta vaibhavangaḷ atbhutam
udāramāyi nayicchu mārga durghaṭangaḷ māttaṇē
dayāparē choriñña mōda muttukaḷkku vandanam

My future is predetermined by Thee, O Bhavani, and amazing are the ways adopted by Thee to get rid of my fears and hopes. O Mother, please guide me in all ways and remove all obstacles which may arise in my path. O Embodiment of Mercy, I bow down to Thee for all the blissful moments that Thou has showered on me.

padāmbujē paṛannaṇañña
bhṛngam ākum en manam
paṛanniṭā tirikkuvān daḷangaḷ kūṭiyāl mati
parāparē! sudhārasam nukarnnuṇarnniṭaṭṭe ñān
purā mozhiñña vēdasāra pūramē tozhunnitā

O Mother, the hummingbird of my mind has come flying to Thy lotus-like Feet. Now please fold the petals so as to prevent it from flying away. O Thou who art greater than the greatest, enjoying that nectar of bliss, let me dive deep into it. O Quintessence of all the four Vedas, I bow down to Thee.

kōpamākki ennilē kozhukkiṭunnu snēhavum
kaṭhōramā oraṭṭa hāsam ennil susmitangaḷāyi
kinākkaḷ mithayennatōrttu ñān karaññupōkavē
kṛpāmṛtam choriñña ninne vērpeṭilla niśchayam

Thy stream of Love flows towards me in the form of anger and Thy terrific laughter is like a pleasing smile to me. Understanding the unreal nature of the dream-like world, I took leave of it. But I will never get separated from Thee who has showered ambrosial grace upon me.

KĀYĀ PĪYA

kāyā pīya sukha se sōyā
na hakka janna magavāyya
kamala mukha rāma bhajana kōdiā

We eat, drink, and sleep comfortably, but we never sing about the lotus-faced Rama.

jā mukha nīsādīna rāma nāma nahī
ō mukha katchu na kiyā
kamala mukha rāma bhajana kōdiā

The name of Rama never seems to come from our mouths. O mouth, why aren't you singing the songs of the lotus-faced Rama?

laka chōrāsi tērē pīra dara
sundara tanu magavāyya
kamala mukha rāma bhajana kōdiā

Our eyes are not seeing the Lord's beautiful form, and we never sing about the lotus-faced Rama.

kaha ta kabīra suno bāyi sādhō
āya vaisā gayā
kamala mukha rāma bhajana kōdiā

We come and we go but we never sing the devotional songs of the lotus-faced Rama. Kabir is saying, "O listen, brother sadhus; sing the devotional songs of the lotus-faced Rama."

KEZHUNNEN MĀNASAM AMMĀ

kēzhunnen mānasam ammā - kēlkkān
kātillē ninakkenammā - ammā
kezhunnen mānasam ammā

O Mother, my mind is crying. O my Mother, have Thou no ear to hear it?

piṭayum hṛdayavumāyi ninne tēṭi
nāṭāke alaññu ñān ammā
en munnil varuvān entini tāmasam
entiha ñān cheyvū ammā - ammā
entiha ñān cheyvū ammā

With an aching heart I have wandered all over the country in search of Thee. Why this delay to come before me? O Mother, what shall I do now?

aśaktanām ennōṭī alambhāvam kāṭṭuvān
aparādham ñān entu cheytu?
chūṭu kaṇṇīrāl ñān nin malaraṭikaḷ
kazhukīṭām ennennum ammā ammā
kazhukīṭām ennennum ammā

What sin has this helpless weak one committed for Thee to show such indifference to me? O Mother, I will wash Thy flower-like Feet with my hot tears.

dussaha māmī prārabdha bhārattāl
kuzhayunnu ñān en ammā
taḷarumī aṭiyanu tāngu nalkīṭuvān

tāmasam arutē ammā - ammā
tāmasam arutē ammā - ammā

O Mother, I am getting tired of this unbearable burden of the fruits of past deeds. O Mother, be not late to give refuge to this humble servant of Thine who is getting utterly exhausted.

KEŚAVA NĀRĀYAṆA

kēśavā nārāyaṇā mādhavā gōvinda
viṣṇu madhusūdana trivikramā vāmana
śrīdhara hṛṣikēśa patmanābha dāmōdara
sanghārṣaṇa vāsudēva pradyumnā aniruddhā
puruṣōttama adhōkṣajā nārasimhāchyutā
janārddanā upēndrā hari śrī kṛṣṇā

keśava	Slayer of the demon Kesi
nārāyana	Lord on the Primeval Waters
mādhava	Beloved of Goddess Lakshmi
gōvinda	Lord of the cows
viṣnu	All-pervading Lord
madhusūdana	Slayer of the demon Madhu
trivikrama	Who covered the Universe in three strides
vāmana	Dwarf manifestation of Vishnu
śrīdhara	Who wears Lakshmi on His chest
hṛṣikēśa	Lord of the senses
patmanābha	Lotus-navelled
dāmōdara	Who had a pestle tied to His waist
sankārshana	Brother of Sri Krishna
vāsudēva	Son of Vasudeva
pradyumna	Son of Sri Krishna
aniruddha	Grandson of Sri Krishna

purushōttama	The Supreme Person
adhōkshaja	Whose vital force never goes downwards
narasimha	Man-lion manifestation of Vishnu
achyuta	Unshakable
janārddanā	Oppressor of the wicked
upēndra	Dwarf manifestation of Vishnu.

KŌṬĀNU KŌṬI

kōṭānu kōṭi varṣangaḷāyi satyamē
tēṭunnu ninne manuṣyan

O Truth Eternal, mankind is searching for Thee since millions and millions of years.

dhyāna nimagnanāyi nin divya dhārayil
ātmāvine chērttozhukkān
ellām tyajicchu ṛiṣīśvara reṇṇiyāl tīrātta
varṣam tapassirunnu

The ancient sages, renouncing everything, performed endless years of austerities in order to make their self flow into Thy Divine Stream through meditation.

ghōramāyi vīśum koṭum kāttilum ninte
sūrya tējassuḷḷa kocchu nāḷum
āṭikkaḷikkātanangāte nilkunnu
ārkkum aṭukkuvān kelppezhāte

Inaccessible to all, Thy infinitesimal Flame, glowing like the effulgence of the sun, stands still without dancing even in the fiercely blowing cyclone.

puṣpa latakaḷum pūja muṛikaḷum
puttan koṭimara kṣētrangaḷum
etra yugangaḷāyi kāttirunnu ninne

ettātta dūrē āṇinnum

Flowers, creepers, shrine rooms and temples with newly installed sacred pillars, all are waiting for Thee since aeons and aeons, but still Thou art inaccessibly distant.

KṚṢṆA KANAIYYA

kṛṣṇa kanaiyya kṛṣṇa kanaiyya
nada vara nanda kumāra kanaiyya
vṛndāvana kē bansi kanaiyya
rādhā manō hara rāsa rasaya
muraḷi manōhara kṛṣṇa kanaiyya
śrī madhusūdana rādhe kanaiyya

kṛṣṇa kanaiyya	Darling Krishna
nadavara	Dancing
nanda kumāra	Son of Nanda
vṛndāvana kē bansiFlute	Player of Vrindavan
rādhā manōhara	Enchanter of Radha's mind
rāsa rasaya	Relisher of the Rasa Dance
muraḷi	Flute Player
śrī madhusūdana	Slayer of the demon Madhu

KṚṢṆA KṚṢṆA MUKUNDA

kṛṣṇa kṛṣṇa mukunda janārdhana
kṛṣṇa gōvinda nārāyana harē
achyutānanta gōvinda mādhavā
satchidānanda nārayaṇa harē

O Krishna, Bestower of Liberation and Oppressor of the wicked, Lord of the cows, Saviour of the afflicted, Unshakable, Infinite, Beloved of Lakshmi, Existence, Awareness, Bliss Absolute.

kṛṣṇa vāsudēva harē - kṛṣṇa vāsudēva harē

garuda gamana kamsāre madhusūdana
madana gopāla nārāyaṇa harē
muraḷi kṛṣṇa murāre mana mōhana
nanda nandana nārayaṇa harē

O Thou Who flies on Garuda, Slayer of Kamsa and the demon Madhu, Flute Player, Slayer of the demon Mura, Enchanter of the mind, Son of Nanda.

nārāyaṇa nārāyaṇa nārāyaṇa nārāyaṇa
nārāyaṇa nārāyaṇa nārāyaṇa namō nārāyaṇa

rāma rāma narasimha purushōttama
rāghava rāma nārāyaṇa harē
rāvanāre kōdanda rāma raghuvarā
rākṣasāntaka nārāyaṇa harē

O Rama, the Supreme Person manifested as the Man-Lion, born in the clan of Raghu, Slayer of Ravana, Bearer of a bow, Destroyer of the demons, Narayana, Hari.

patmanābha parameśa sanātana
parama puruṣa nārāyaṇa harē
pānduranga viṭhala purandara
pundari kākṣa nārāyaṇa harē

O Lotus-navelled One, Supreme Eternal Lord, the Supreme Person, Narayana, Hari, who is Panduranga Vithala in Pandarapur.

śrinivāsa aniruddha dharanīdhara
aprameyātma nārāyaṇa harē
dinabandhō bhagavanta dayā nidhē
dēvakī tanaya nārāyaṇa harē

O Abode of the Goddess of Prosperity, Upholder of the earth, the Self beyond thought, Lover of the suffering ones, Treasure of Compassion, Darling of Devaki, Narayana Hari.

KṚṢṆA KṚṢṆA RĀDHĀ

kṛṣṇa kṛṣṇa rādhā kṛṣṇa
gōvinda gōpāla vēṇu kṛṣṇa
mōhana kṛṣṇa madhusūdana kṛṣṇa
mana mōhana kṛṣṇa madhusūdana kṛṣṇa
murāre kṛṣṇa mukunda kṛṣṇa

KṚṢṆA MUKUNDA

kṛṣṇa mukunda murāri
jaya kṛṣṇa mukunda murāri

rādhe gōvinda kṛṣṇa mukunda
rādhe gōvinda kṛṣṇa murāri

nandaya nanda rādhā gōvinda
rādhē gōvinda kṛṣṇa mukunda

KUMBHŌDARA VARADĀ

kumbhōdarā varadā gajāmukhā
sambhu kumārā gaṇapati bhagavān!
kumbhōdara varadā

O Thou with a big belly, elephant-faced Giver of boons, Son of Shiva, Lord of the Ganas.

aiṅkara śambhavā sankaṭa haraṇā
nalgati yaruḷuka śiva sadanā
anpiyalum mizhi inpamoṭṭiyanil
śaṅkara sūnō kaniyaṇamē

O Thou with five hands bestowing boons, Destroyer of sorrows, Son of Shiva, bless us with Salvation. Thy kind glance must fall on me. O Son of Shiva, show Thy mercy.

ādināthanē bhavanadi taraṇā
karuṇālaya maya śubhadā harē
ānandāmṛta vighna vināyaka
kṛpa aruḷīṭuka durita harē

O Primal Lord who has crossed the River of Becoming, Abode of mercy, Giver of auspiciousness, O Hari, Nectar of bliss, Destroyer of misery, show Thy compassion.

LAMBŌDARA PĀHIMĀM

lambōdara pāhi mām
jagadambā sūtā rakṣa mām
jaya lambōdara pāhi mām

Protect me, O pot-bellied One. Save me, O Son of the Universal Mother. Hail! Protect me, O pot-bellied One.

śaranāgata rakṣa mām
hē karuṇānidhē pāhi mām

Give me refuge and save me. Protect me, O Treasure of Compassion.

śrī gaṇanātha samrakṣa mām
nīja bhakti mudam dēhi mām

O Lord of the Ganas, protect me. Give me the bliss of real devotion.

MĀDHAVA GOPAL

mādhava gōpālā mana mōhana gōpāla
yaśōda kē bālā yadu nandana gōpālā

O Beloved of Goddess Lakshmi, Enchanter of the mind, Son of Yashoda born in the clan of Yadu, O Protector of the cows.

bāla gōpālā hē giridhara gōpālā
hē giridhara gōpālā
yadunandana gōpālā

O Child Krishna, Holder of the Hill, born in the clan of Yadu.

MATHURĀDHIPATĒ

mathurādhipatē dvārakādhipatē
vaikuṇṭhapatē śrī rādhā patē
nanda nandanā kṛṣṇa gōpālā
mīrā kē prabhu giridhara bālā

O Lord of Madhura, Lord of Dvaraka, Lord of Vaikuntha, Radha's Lord, Son of Nanda, Krishna, Gopala, O Lord of Meera Bai, the Boy who upheld the mountain.

dēvakī nandanā hē ghanaśyāmā
gōpi manōhara mangaḷadhāmā
kāḷiya marddana kamsa vimarddana
nāchō nāchōrē bhayyā bānsūri vālā

O Son of Devaki, of the complexion of a rain cloud, Enchanter of the Gopis' minds, Abode of auspiciousness, who danced on the serpent Kaliya's head, Nanda's Child, who dances with a flute in His hands.

sūrdās kē prabhu giridhāri
rādhākṛṣṇā kuṇjavihāri
vasudēva nandana asura nikhaṇḍana
bhavabhaya bhaṇjana jagat vandana

O upholder of the Hill (Govardhana), Lord of Surdas, Radha and Krishna, who play in the groves, Son of Vasudeva, killer of demons, Destroyer of the fear of becoming, to whom the world bows down.

mīrā kē prabhu giridhara nāgara
gopī kṛṣṇa kanayyā
abhi dēnā tum tērā darśan
mērā kṛṣṇa kanaiyyā

O Lord of Meera, Giridhara, Beloved Child of the Gopis, let me have a glimpse of Thee now itself, my dear Child Krishna.

MALARUM MANAVUM

malarum maṇavum vērpeṭumō ammē
madhuvum madhuravum vērpeṭumō
rāppakal māṛi maṛayān maṛannālum
niśchayam ninne maṛakkilla ñān! (malarum)

Will the flower and its fragrance ever separate? What about the honey and its sweetness? Even if day and night forget to alternate, I will never forget Thee.

etrayō nūtanaddhyayangaḷenteyī
mugdha jīvanil nī ezhutichērttū
karuṇyamē ninṭe kālaṭi viṭṭoru-
kālamorikkalum ēkīṭolle
tṛippāda vismṛti ēkīṭolle (malarum)

Thou hast added so many beautiful chapters to this life book of mine. O Embodiment of Compassion, never let there come a time when I am separated from Thy Feet. Allow not my memory to forsake Thee.

akaluvān akalamillammē nīyente
akatāril adhivasichennē;
janmangaḷiniyetra kazhiññālu maṭiyane
aṭimalar sēvaka nākkēṇamē
janma sāphalyam angenikkēkēṇamē (malarum)

There is no space to separate us for Thou abidest within me only. In all births to come, make me the worshipper of Thy Lotus Feet. That would be the fulfillment of my life.

MANAMĒ NARAJĪVITAM

manamē narajīvitamākum
vāyalēlakaḷ varaḷukayāṇē
oru pozhutum kṛṣiyillāte
tariśāyatu maruvukayāṇē

O mind, the human birth is like a field. If not cultivated properly, it becomes dry and barren.

vidhipōlatil vittukaḷ pāki
kṛṣi cheyyuva tevvidhamennāyi
aṛivilla ninakkorulešam
aṛiyānoṭṭilabhilāṣam

You know neither how to sow the seeds in the proper way nor how to grow them well. Not only that. You don't even have the wish to know also.

vaḷamiṭṭuṭanūzhutumaṛichum
nalamōṭatha kaḷakaḷ paṛichum
pari chōṭatha pālippōḷam
viḷakkoyyām matiyāvōḷam

By removing the weeds, putting fertilizer and by taking care properly, you could have gotten a good harvest.

kadanamezhunnoru karayalināl
vigaḷitamayi nin kaumāram
taruṇi viharaṇa ratanāyi
takarukayāyi nava tāruṇyam

The early part of life is spent in helpless cries and youth is spent in lustful attachment.

kāzhivukaḷ muzhuvan kizhivākum
kizhavan nīyoru puzhuvākum
tozhilil ninnuṭanozhivākum
kuzhiyum nōkkiyirippākum

Now old age is coming and all of your strength will be taken away. You are going to become like a helpless worm and without any work, will spend the time looking forward to the grave.

MANASĀ VĀCHĀ

manasā vāchā karmaṇā
nirantaram ninne smarikkunnu
enniṭṭu mennōṭu kanivukāṭṭān
amāntamentē ponnammē
amāntamentē ponnammē

Through my mind, speech and actions I am remembering Thee incessantly. Why then are Thou delaying to show Thy mercy to me, beloved Mother?

āndukaḷ palatu kazhiññiṭṭum
svasthatayillen manassinu
ittiri āśvāsamēkuvān
amāntamentē ponnammē
amāntamentē ponnammē (manasā)

Years have passed but still my mind has no peace. O darling Mother, please grant me a little relief.

kāttilakappeṭṭa tōṇipōlē
alayunnammēyen mānasam
chittarōgiyāyi māṟātirikkān
ittiri manaḥśānti nalkū ammē
ittiri manaḥśānti nalkū ammē (manasā)

My mind sways like a boat caught in a storm. O Mother, give me a little peace of mind lest I become a lunatic.

vayyayennammē sahiyātāyi
vēndayīvidha jīvitam
nin parīkṣaṇam tāngān aṭiyanu
āvatillammē āvatilla
āvatillammē āvatilla (manasā)

I am tired Mother; it is unbearable. I don't want such a life. I can't stand Your tests. O Mother, I can't endure it!

pāvam ñān oru tuṇayattōn
ammayallātenikkyārumilla
parīkṣaṇam nirtti yennammē - nī
karam nīṭṭi yenne kara kayattu
karam nīṭṭiyenne kara kayattu (manasā)

I am a miserable destitute. I have none but You, Mother. Please stop Your tests, extend Your hand and pull me up.

MANASSĒ NIN SVANTAMĀYI

manassē nin svantamāyi oruttarumillenuḷḷā
paramārttha mellāyipozhum smarikkuka nī

Remember, O mind, this supreme truth: nobody is your own!

artthaśūnyamākumōrō karmangaḷe cheytukondu
vyartthamāyi samsārattil alayunnu nī

Because of doing meaningless actions, you are wandering in the ocean of this world.

ārādhi chēykkām janangaḷ prabhō prabhō ennu
viḷi chāyatalpakālam mātram nilanilpatām

Even though people honour you crying, 'lord, lord', it will be for a short time only.

itranāḷ mattuḷḷa jānam ārādhiccha ninte dēham
prāṇan pōmbōḷupēkṣippān iṭayāyiṭum

Your body, which has been honoured for so many days, must be cast off when life departs.

ētu prāna prēyasīkkuvēndi itra ellām ningaḷ
pāṭupeṭunnundō jīvan veṭiññupōlum

For which sweetheart have you been struggling all this time, not even caring for your life?

ā peṇmaṇipōlum tavamṛtadēham kāṇum nēram
peṭicchu pinmāṛum kūṭe varuka illa

Even she will be frightened by your dead body and will not accompany you.

śāśvatamallīśarīram śavamāṇenōrttukondu
śuddhatmāvine aṛivān pariśramikkū

Remembering the truth that the body by itself is not permanent but only a corps work hard to know the soul, the truc Self.

māyatante valaykkākattakappeṭṭukondu jaganmātāvinte nāmatte nī maṛannīṭollē

Trapped in the subtle snare of Maya as you are, do not forget the sacred Name of the Divine Mother.

'nēti nēti' vādam kondō vēdatantrādikaḷkondō darśanangaḷāṛukondō sādhyamāyiṭā

The Vision of God cannot be attained by the Veda, Tantra, Vedanta or other philosophies.

nityānanda ni magnanāyi jīvajālangaḷilennum satyasvarūpanāmīśan kūṭikoḷḷunnu

Immersed in Eternal Bliss, God, Whose nature is Truth, resides in all beings.

sthānamānadhanam ellām sthiramāṇennōrttiṭolle satyavastu onnēyuḷḷu jagadambika

Position, prestige and wealth are all impermanent; the only Reality is the Universal Mother.

bhakti lābhamkotichallō māmunimārekkālattum śuddhamānasanmārāyi tapam cheyyunnu

In order to gain devotion, even the ancient sages did penance with a pure heart.

kāntamirumbineppōle ākarṣikkumallō jagan - nāthan bhaktiyuktanākum jīvātmāvine

The Lord will attract devotion-soaked souls like a magnet attracts iron.

Kāḷimātāvinte nāmam kāmanakaḷ viṭṭukondu āmōdattālppāṭippāṭi nṛttamāṭiṭām

Renouncing all desires, let us dance in that bliss singing the Name of Mother Kali!

dayamāyiyākum dēvi bhayarūpameṭuttālum
padatārilkkiṭakkuvōr dhanyarāṇavar

Even if the compassionate Devi takes on a fearful from, those who lie at Her Feet are blessed.

MANDA HĀSA

manda hāsa vadanē manōhari
mātā jagad jananī
mātā mātā mātā jagad jananī
mātā mātā mātā jagad jananī

jagad jananī śubha jananī
mātā jagad jananī
ambā mātā jagad jananī

īśvarī ambā paramēśvarī ambā
jagadīśvarī ambā paramēśvarī ambā

mandahāsa vadane	Gently smiling face
manōhari	Enchanting
jagad jananī	Mother of the world
śubha	Auspicious
īśvarī	Goddess
ambā	Mother
paramēśvarī	Supreme Goddess
jagadīśvarī	World ruler

MANGALA ĀRATI

mangaḷa ārati mangaḷa ārati
mangaḷa ārati gopāla kī

kamala nayana kī yaśōdā nandana kī
mangaḷa rūpa śyāma sundara kī

pītāmbara dharkī kamala nayana kī
mōr mukuṭa kī rādhā jīvana kī
śyāma sundara kī gōvarddhana dhara kī
mangaḷa rūpa śyāma sundara kī

mangaḷa sukṛtī bāla kī
chaturbhujadāsa sadāmangaḷa nidhi
pālita giridhara bāla kī
smitarici nandana hē yadunandana
smitamukha chandana bālkī

Auspicious waving of lights to the Protector of the Cows, to the Lotus-eyed One, Yashoda's Son, the Beautiful Dark One. O Thou with an auspicious Form and eyebrows, Thou, Lord Vishnu, art the ever-auspicious Treasure of this servant of Thine, O Protector and Uplifter of the Govardhana Hill.

MANNĀYI MAṚAYUM

maṇṇāyi maṛayum, manuṣyan iniyum
kuññāyi vaḷarum, mahiyil

Man dies an d disappears as dust but again takes birth on this earth and grows up.

janmam palavidha puṇyam cheytavan
viṇṇitil ettum sukhamāyi - vīndum
mannitilettum, vidhipōl (maṇṇāyi maṛayum)

If he does good actions he may attain to a higher status and then return to earth again.

jarayum, narayum pakarum janatati
alayum vyādhi kaḷadhikam
punariniyum vidhiyitupōleṅkil
jananamitentinu manujā -ninnuṭe
vikṛtikaḷentinu manujā? (maṇṇāyi maṛayum)

In life one must go through disease and old age. O man, think! Is birth again and again worth having? What for all these evil tendencies?

pāpam cheyitoru pāmaraneṅkilum
pāzhmaṇalinnalayāte
pārinnuṭayōn ārennaṛiyukil
pāpabhayam pōyimaṛayum - avanum
ānandābdhiyilāzhum! (maṇṇāyi maṛayum)

A person might have committed so many evil deeds but if he knows Who is there behind this world then all his bad tendencies will certainly be removed and he will be immersed in the Ocean of Bliss.

MANŌ BUDDHYA

manō buddhyahamkāra chittāni nāham
na cha śrōtra jihvē na cha ghrāṇa nētrē
na cha vyōma bhūmirna tējō na vāyu
chidānanda rūpaha śivōham śivōham

I am neither the mind, intellect, ego nor memory; neither ears nor tongue nor the senses of smell and sight; nor am I ether, earth, fire, water or air; I am Pure Awareness-Bliss, I am Shiva! I am Shiva!

na cha prāṇa samñyō na vai pañcha vāyurnna
vā sapta dhātur na vā pañcha kōśaha
na vāk pāni pādam na chō pastha pāyū
chidānanda rūpaha śivōham śivōham

I am neither the life force nor the five vital airs; neither the body's seven elements nor its five sheaths; nor hands nor feet nor tongue, nor the organs of sex and voiding; I am Pure Awareness-Bliss, I am Shiva! I am Shiva!

na mē dvēṣa rāgau na mē lōbha mōhau
madō naiva mē naiva mātsarya bhāvaha
na dharmō na chārthō na kāmō na mōkṣa
chidānanda rūpaha śivōham śivōham

Neither loathing nor liking have I, neither greed nor delusion; no sense have I of ego or pride, neither religious merit nor wealth, neither enjoyment nor Liberation have I; I am Pure Awareness-Bliss, I am Shiva! I am Shiva!

na puṇyam na pāpam na saukhyam na duḥkham
na mantrō na tīrttham na vēda na yagñaha
aham bhōjanam naiva bhōjyam na bhōktā
chidānanda rūpaha śivōham śivōham

Neither right nor wrong doing am I, neither pleasure nor pain; nor the mantra, nor the sacred place, the Vedas, the sacrifice; neither the act of eating, the eater, nor the food; I am Pure Awareness-Bliss I am Shiva! I am Shiva!

na mṛtyur na saṅkā na mē jāti bhēdaha
pitā naiva mē naiva mātā cha janma
na bandhur na mitram gurur naiva siṣya
chidānanda rūpaha śivōham śivōham

Death or fear I have none, nor any distinction of caste; neither father nor mother nor even a birth have I; neither friend nor comrade, neither guru nor disciple; I am Pure Awareness-Bliss, I am Shiva! I am Shiva!

aham nirvikalpō nirākāra rūpō
vibhut vācha sarvatra sarvēndriyāṇām
na chā sangatō naiva muktirnna mēyaḥa
chidānanda rūpaha śivōham śivōham

I have no form or fancy, the All-pervading am I; everywhere I exist, yet I am beyond the senses; neither salvation am I, nor anything that may be known; I am Pure Awareness-Bliss, I am Shiva! I am Shiva!

MĀRĀ YADUKULA

mārā yadukula hṛdayēśvarā
mazhamukil varṇṇā śrīdharā
taraḷita gānangaḷ tazhukiyuṛakkum nin
viralukaḷ eviṭe tāmara kaṇṇā (mārā)

O most charming One, Lord of the Yadavas' hearts, having the complexion of a rain cloud, who bears the Goddess Lakshmi on His chest, O lotus-eyed One, where are Thy fingers that caress soft songs to sleep?

vṛndāvani kayil nanda kumāranāyi
vāṇaruḷīṭunna tāmara kaṇṇā
vaiṣṇava chaitanya chētō vihārassil
kēḷīnaṭanam cheyitavanē

O Thou who lived in Vrindavan as the Son of Nanda, who danced and played in the hearts of Lord Chaitanya and others.

ādiyum antavum nīyē dēvā

bhakta pārāyaṇā kāitozhunnen (mārā)

Thou art the beginning and end of everything. We join our palms in adoration to Thee who art bound to Thy devotees.

MARTYARE SAMSĀRA

martyare samsāra vāridhikkakkare -
yettīcchīṭum bhavatāriṇi ambikē
ī prapañchattin muraṭāyi mēviṭum
apramēyōjjvala śaktisvarūpiṇī

O Mother, Thou art the Redeemer of mankind taking us across the ocean of the world. Thou art the Primal Cause of the world, the Power behind the Universe.

nīyallayō triguṇādhārayāyi jīva-
bhāvamāyi mēvunna tējasvarūpiṇī
ñān aṛiyunnu bhaval prītiyonnutān
mānava janmam kṛtārtthama kīduvān

Thou manifest as the three gunas and the Supreme Life Force too. I know, O Mother, that Thy love for us makes the fulfillment of human life possible.

ñān aṛiññīṭunnu nin kṛpālēpanam
dīna samtrāṇanam cheyvatennuḷḷatum
śānti jagattiluṇārtti nin puñchiri
pūntiṅkaḷāyi parilasikkunnatum

The moonlight of Thy smile gives light and peace to this world of misery and darkness.

pañchabhūtaṅgaḷ prapañcha ghaṭanayil
paṅkuvahīppatum nin kṛpāvaibhavān
pūrṇṇa kumbhattilum arghya puṭattilum
bhūtaṅgaḷ añchilum ādi mūlattilum

Out of the five elements the Universe is made to manifest by Thy gracious Glory. Thou art the holy waters, the elements and the Root Cause.

sākārayāyum nirākārayāyum ī
lōkattil eṅgum viḷaṅgunna dēvi nī
enne tyajichāl ā rakṣanam entina
mannittil ī vāranam cholluken ambikē

Thou fillest the whole Universe manifesting with and without form. If for even a moment Thou abandonest me, tell me then, O Mother, what is the use of this life on earth?

MAUNA GHANĀMṚTAM

mauna ghanāmṛta śānti nikētam
gautama manalaya sundara nilayam
bandhana nāśana kāntipūram
chintātīta nirāmaya tīram

The Abode of dense Silence, Eternal Peace and Beauty, in which was dissolved the mind of Gautama Buddha, the Effulgence that destroys bondage, the Shore of Bliss beyond the reach of thought.

santata samanilayaruḷum jñānam
antādikaḷuma kannoru dhāmam
chittavikalpamakannānandam-
śaktyādhiṣṭhita chitghana dēśam

The Knowledge that bestows perennial equanimity of mind, the Abode having no beginning or end, the Bliss experienced after the movements of the mind are hushed, the Seat of Power, the Region of dense Consciousness,

advaitāmṛta satpadamēkam-
tattvamasīpada lakṣya svarūpam

aṇayānāyi ñān vembukayāyī
tvatkṛpayallātilloru mārgam

The Goal pointed to by statements like 'Thou art That', which grants the sweet eternal Non-dual State, there it is that I long to reach and there is no other way than Thy Grace.

MŪKA GĀNAM

mūkagānam pāṭivarum
śōkamānasa śalabhangaḷē
niṅgaḷ anaghamām divya dēvālayam
pūkuva tinnu varāmō? (mūka gānam)

O bees of sad feelings, melodies without words, won't you come to the Divine Abode of Mother?

ūzhi talaṅgaḷil azhalukaḷōṭe
alayuvatentē iniyum?
ūzhiyilumayāḷ udayam cheytatu
aṛiyarutāyō iniyum? (mūka gānam)

No more have we to wander on the dusty roads of this earth. Know that the Divine Mother has come to earth.

pōyavasantattin pūvukaḷ chūṭi
putiyoru dēvata vannū
pōyadinaṅgaḷ pōkilumini nām
pōvuka ā divyatalattil (mūka gānam)

Along with the flowers of spring has come this Goddess. The days gone are gone forever. Now let us go to this Divine Abode.

tyāga kutūhala nūtana hṛdayam
tūkiṭum ātma vachassāl
dēhamanassukaḷ dēhikaḷalenna
bōdhamuṇarttuka hṛttil (mūka gānam)

Let us fill our hearts with the new words of wisdom and full with the Bliss of the Self exclaim that the body-mind complex is never That.

MŪKA HṚDAYA

mūka hṛdaya vipañchikayil
śōka rāga kuññōḷangaḷ
taptabāṣpa dhārayilonnāyi
saptarāgamarāḷamozhukki (mūka hṛdaya)

In the veena of the silent heart the subtle melodies of sorrowful songs mingling with the flow of hot tears created a symphony of divine atmosphere.

pāloḷikkala māññu kazhiññu
pāvakan parihāsamu tirttu
tārakangaḷ niṣēdhātmakamāyi
tāṇukondu paṛaññututaṇgi (mūka hṛdaya)

The moon has faded away and the flame of the lamp only casts a shadow of scorn. The stars, as if coming down, have started uttering:

vyartthamākkuvatentinu nī yī
labhya mānuṣa janma phalatte
nitya karmamanōvākkukaḷāl,
satyavastuvil vilayamkoḷḷū! (mūka hṛdaya)

"O man, the human birth is in your hands. Why do you wish it to be lost? Through your actions, love of God and knowledge of Truth, become one with That."

NANDA KUMĀRA

nanda kumāra gopāla
vṛndāvana kē sundara bāla

O Son of Nanda, Protector of the cows, beautiful Child of Vrindavan.

mōhana rādhē śyāma gōpāla
mōhana muraḷī dhāri gōpāla

O Enchanter of Radha, dark-colored Gopala, enchanting Flute Player.

gōvardhana giridhāri gōpāla
gōpī mānasa lōlā gōpāla

O Gopal who lifted up the Govardhana Hill, who plays in the Gopis' minds.

NANDALĀL

nandalāl nandalāl nandalāl yadu nandalāl
nandalālā navanīta chōra
rādhā pyāre nandalāl
māyi mīrā manasa chōra
hṛdaya vihārā nandalāl

O Son of Nanda, born in the Yadu clan, Stealer of butter, Beloved of Radha, who stole Mother Mira Bai's mind, that Son of Nanda who plays in the heart.

NANDALĀLĀ YADU

nandalālā yadu nandalālā
vṛndāvana gōvinda lālā
rādhā mādhava nandalālā
rādhā lōla nandalālā

O Son of Nanda born in the Yadu clan, Lord of the cows in Vrindavan, Beloved of the Goddess Lakshmi, who is dear to Radha, O Son of Nanda...

NĀRĀYANA HARI

nārāyaṇā hari nārāyaṇā hari
nārāyaṇā hari nārāyaṇā
sachidānanda ghana nārāyaṇā
achyutānanda gōvinda nārāyaṇā

śrī kṛṣṇa kṛṣṇa sakha nārāyaṇā- kamala
patrākṣa adhōkṣaja nārāyaṇā
nandagōpa kumārā nārāyaṇā - rādhikā
ramaṇa gōvinda nārāyaṇā

kṛṣṇa yajñēśvarā nārāyaṇā - satyabhāmā
vinōdakā nārāyaṇā
kēśikā kamsaripu nārāyaṇā - rādhikā
ramaṇa gōvinda nārāyaṇā

kṛṣṇa karuṇākarā nārāyaṇā
kṛṣṇa dāmōdarāchyutā nārāyaṇā
kṛṣṇa narakāntakā nārāyaṇā - rādhikā
ramaṇa gōvinda nārāyaṇā

śrī kṛṣṇa gōpāla nārāyaṇān- bala
subhadra sōdarā nārāyaṇā
śyāma mangaḷānga nārāyaṇā - rādhikā
ramaṇa gōvinda nārāyaṇā

śri kṛṣṇa kalpataru nārāyaṇā - tīrttha-
pāda karuṇārṇṇavā nārāyaṇā
rāsōtsava priyā nārāyaṇā - rādhika
ramaṇa gōvinda nārāyaṇā

kamala lōchanā kṛṣṇa nārāyaṇā - lōka
rañjakā rakṣaka nārāyaṇā

kaumōda śrīdharā nārāyaṇā - rādhikā
ramaṇa gōvinda nārāyaṇā

gōvarddhanōdharā nārāyaṇā - nara-
kāntakā narōttamā nārāyaṇā
murahara mukunda nārāyaṇā - rādhikā
ramaṇa gōvinda nārāyaṇā

gōpī jana priyā nārāyaṇā - gōpa-
gōpi janēśvara nārāyaṇā
gōvatsa pālakā nārāyaṇā - rādhikā
ramaṇa gōvinda nārāyaṇā

dēvakī nandana nārāyaṇā kṛṣṇā
dīna jana vatsalā nārāyaṇā
āpadi rakṣakā nārāyaṇā - rādhikā
ramaṇa gōvinda nārāyaṇā

dharaṇī dharāchyuta nārāyaṇā
daityakula marddanā nārāyaṇā
gōpāla kula tilaka nārāyaṇā - rādhikā
ramaṇa gōvinda nārāyaṇā

bhakti pravārddhakā nārāyaṇā - bhakta
vāk paripālakā nārāyaṇā
bhakti pradāyaka nārāyaṇā - rādhikā
ramaṇa gōvinda nārāyaṇā

gōpīkā vallabha nārāyaṇā- chakra-
pāṇī paramānanda nārāyaṇā
kubjā vinōdakā nārāyaṇā - rādhikā
ramaṇa gōvinda nārāyaṇā

achyuta	Unshakable
adhōkṣaja	Whose vitality never flows downwards
āpadi rakṣaka	Saviour from distress
bala subhadra sōdara	Brother of Balarama and Subhadra
bhakta vāk paripālaka	Who fulfills the devotees' words
bhakti pradāyaka	Giver of devotion
bhakti pravārtaka	Who establishes the cult of devotion
chakrapāṇi	Who holds the discus in His hand
daitya kula mard-dhana	Destroyer of the demon clan
dēvakī nandana	Son of Devaki
dhara nīdhara	Who carried the Earth (as Varaha)
dāmōdara	Who was bound by a rope around the waist
dīna jana vatsala	Affectionate to the afflicted
gōpi jana priya	Beloved of the gopis
gōpāla kula tilaka	King of the clan of the cowherds
gōvardhanōdhara	Who bears the Govardhana Hill on His hand
gōvinda	Lord of the cows
gōpa gōpī janeśvara	Lord of the Gopas and Gopis
gōpika vallabha	Lord of the Gopis
gōvatsa pālaka	Protector of the cows
hari	Remover of mankind's problems
kalpataru	Celestial wish-fulfilling tree
kamala lōchana	Lotus-eyed One
kamala patrākṣa	Having eyes like lotus petals
karuṇākara	Compassionate One
karuṇārnava	Ocean of Mercy

kaumōda śrīdhara	Who carries Sri (Goddess Lakshmi) and the weapon Kaumoda
kēśika kamsaripu	Enemy of Kesi and Kamsa
kṛṣṇa saka	Friend of Arjuna
kubja vinōdaka	Who blessed the damsel Kubja
lōka ranjaka rakṣaka	Delighter and Protector of the world
mangalānga	Of auspicious limbs
mukunda	Giver of Liberation
murahara	Destroyer of the demon Mura
nandagōpa kumāra	Son of the cowherd Nanda
narakāntaka	Destroyer of the demon Naraka
narōttama	The Foremost Person
nārāyaṇa	The Goal of mankind
paramānanda	Supreme Bliss Itself
rādhikā ramaṇa	Delighter of Radha
rāsōtsava priya	Lover of the Rasa Dance
sachidānanda ghana	Dense Existence-Awareness-, Bliss Absolute
satyabhāma vinōdaka	Who blesses Satyabhama
tīrttha pāda	Of Holy Feet
yajñēśvara	Lord of sacrifices

NĪ ENTE VEḶICCHAM

nī ente veḷiccham jīvante teḷiccham
nī en abhayam allē ammē nī en abhayam allē

Thou art my Light and the clarity of my life. Art Thou not my refuge, O Mother, art Thou not my refuge?

kaiveṭiyarute jagadambikē
kanivin kēdāramē; ammē kanivin kēdāramē

O Mother of the Universe, forsake me not, O Fountainhead of Compassion.

ninte stutikaḷ pāṭunēram
ivaḷkku tuṇayāyi nilkkēṇamē
anugraham ēkaṇē sarasvati dēvi
nin kṛpa choriyēṇamē ammē kanivin kēdāramē!

O Mother, Fountainhead of Compassion, be with us when we sing Thy glories. O Goddess Sarasvati, bless us showering Thy grace upon us who worship Thee.

vidyayil ellām anugraham ēkunna
ammaye ñangaḷ stuticchiṭunnēn
vīna dhāriṇī vimalambika nī
nin kṛpa choriyeṇamē ammē kanivin kēdāramē!

O Mother who blesses those in their studies, the One with the veena, the Pure One, O Mother, shower Thy grace upon us, O Fountainhead of Compassion.

NĪLĀMBŪJA

nīlāmbūja nāyanē ammē nī aṛiññō
ī nīṛunna chittattin tēngalukaḷ (nīlā)

O Mother with blue lotus eyes, will Thou not listen to the sobbings of this sorrowing heart?

ētō janmattil cheytoru karmmattāl
ēkāntanāyi ñān alayunnu (nīlā)

Perhaps due to the deeds of some past birth I am wandering alone.

yugānta rangaḷilūṭe ozhuki ñān - ī
yuga sandhyayil piṛannuvīzhān
puṇarnīṭumō vārī pulkīṭumō

nin maṭittaṭṭil kiṭattīṭumō ammē
nin maṭittaṭṭil kiṭattīṭumō (nīlā)

I have passed through ages and ages before taking birth now. Will Thou not take me to Thee with a motherly hug and put me in Thy lap?

yōgyanallennālum mātāvu putrane
santyajicchīṭumō yōgadhātrī
vannīṭumō arikil aṇacchīṭumō
nin kṛpā lēśam tannīṭumō ammē
nin kṛpā lēśam tannīṭumō (nīlā)

I may not be deserving but, O Mother, will Thou forsake this child for that reason? Won't Thou come and, taking me close, give me a merciful glance?

NĪLAMĒGHAṄGALĒ

nīla mēghaṅgaḷē ningaḷkkiteṅgane
nēṭān kazhiññinnī nīlavarṇṇam?
vṛndāvanattile nandakumārante
chantamēṛum nīlaśyāma varṇṇam! (nīla)

O dark colored clouds, how could you get for yourselves this bluish hue, the same dark complexion as Vrindavan's Son of Nanda (Sri Krishna)?

ningaḷ pōyi kanduvō kaṇṇan āmuṇṇiyē
taṅgaḷil mindiyō, puñchiricchō?
nīlāravindattēn nētrattāl niṅgaḷe
āpāda chūdham kaṭākṣicchuvō? (nīla)

Did you go and meet the Baby Krishna? Did He talk to you and smile at you? Did He, with His honeyed, blue lotus-like eyes, cast a glance at you?

kaṇṇaninnenmunnil ettumennōtiyō?
enneyum svāgatam cheyyumennōtiyō?
en manaśśāntikkāyi niṅgaḷ tan kaikaḷil
nalmozhittēn tellu tannayacchō? (nīla)

Did Krishna tell you that He would come to me today? Did He say that He would welcome me? Did He put in your hands a bit of honey-sweet words to pass on to me for my peace of mind?

NIN ŌRMAKAḶ

nin ōrmakaḷ mātram en manassil
ennennum moṭṭiṭṭuyarnnunilppū
ammē nin ājñaykkadhīnanākum
enne nī ōrmmichiṭāttatentē? (nin ōrmakal)

O Mother, memories of Thee are always sprouting in my mind. Why art Thou not remembering me, Thy bondslave, ever at Thy beck and call?

vānilum, mannilum, vānōr puriyilum
tēṭi ñān tēṅgal dhvanikaḷumāyi
nūtana dēhangaḷ nūṟunūrāyiram
ī vidham pāzhāyikozhiññum unnam!
(nin ōrmakal)

With sorrowful cries I searched for Thee in the sky, on the earth and in all the dwelling places of man. In this way I have taken hundreds and thousands of bodies (births).

kāruṇyamōlunna nin nayanattinte
lāvaṇyalēśam tarāttatentē?
ven chandrika prabhāpūram parattum
tūmandahāsam viṭarāttatentē? (nin ōrmakal)

Why art Thou not even glancing at me with Thy beautiful eyes full of compassion? Why is Thy charming smile, which spreads the lustre and glory of moonlight, not shining?

NIN PRĒMAM

nin prēmam kondenne unmattanākkuk
entammē avīṭunnu snēha pūrvam

O Mother, make me mad with Thy Love!

jñānavum yukti vichāravum kondeni-
kētum prayōjanamundō tāyē (nin prēmam)

What need have I of knowledge or reason?

tāvaka prēma śudhā bhujippicchenne
unmattanākki kondālum ammē (nin prēmam)

Make me drunk with Thy Love's Wine!

bhaktajana manōhāriṇī nī enne
mukkuka nin prēma vāridhiyil (nin prēmam)

O Thou who stealest Thy devotees' hearts, drown me deep in the Sea of Thy Love!

samsāramākum nin bhrāntālayam tannil
ānanda nṛttamāṭunnu chilar (nin prēmam)
ētta muṛakke chirikkunnu kēchana
dukhicchu kēzhunnu mattu chilar (nin prēmam)

Here in this world, this madhouse of Thine, some laugh, some weep, some dance for joy.

gaurāngan śrī buddhan yēśu mōsas ivar
nin premōn mattarām puṇyātmakkaḷ (nin prēmam)

Gauranga, Buddha, Jesus and Moses, all are drunk with the wine of Thy Love.

dhanya mayīṭum tadīya samgālivar
dhanyanākkunna nāḷennu tāyē (nin prēmam)

O Mother, when shall I be blessed by joining their blissful company?

NIṚAMILLĀ

niṛamillā mazhavillē maṇamatta malarē
kanivinnāyennum nī
karayunnō karaḷē karayunnō karaḷē

A rainbow without colors, a flower without fragrance, when such is my heart, why cry for compassion?

vēnalillā maññukālam mātramō ī jīvitam
vēdanayāl nādamatta vīṇakaḷpōlē (niṛamillā)

Life has become full of coldness without even a trace of warm feeling like a veena which has no sweet melodies but sorrowful silence alone.

katiravante karam ettā vānamadhyattil
cheṛiyoraruviyuḷḷatil naḷinaṅgaḷ
viṭarāṛundō viṭarāṛundō (niṛamillā)

Can the lotus flowers in a small rivulet deep within the forest blossom where the rays of the Sun cannot reach?

vānil mēgham kandu kēkikaḷ pīli nivartti
veṛute jalakaṇattinu vēzhāmbal
tapassirunnū tapassirunnū (niṛamillā)

Seeing the clouds in the sky, the peacock spread its wings to dance, but in vain, and a chataka bird waited for drops of water.

NB: It is told that the chataka bird will drink only raindrops as they fall during the rains. It does not relish any other water. The idea is that both the peacock and the chataka feel happy at the sight of clouds but become miserable in the absence of the rain. Likewise, waiting for God alone to make us happy seems to be in vain after prolonged search and spiritual practice not yielding its fruit.

NIRMALA SNĒHAMĒ

nirmala snēhamē ninne aṛiyātta
jīvitam entinammā
nitya nirāmayī ninne aṛiyātta
jīvitam entinammā (nirmala)

O Love Immaculate, O Mother, what is the use of this life without knowing Thee? O Eternal Immutable One, what for such a life?

nistula snēhamē ninne aṛiyātta
jīvitam entinammā
mōhana rūpamē ninne ninaykkātta
jīvitam entinammā (nirmala)

O Unequalled Love, what for is this life which knows Thee not? What for is this life which doesn't contemplate on Thee, O Thou of enchanting Form?

mōkṣa sandāyinī ninne labhikkātta
jīvitam dhanyamāṇō
bhakta jana manōhārinī ninnuṭe
darśanam ēkukillē? (nirmala)

O Bestower of Liberation, is life fulfilled without gaining Thee? O Stealer of the mind of the devotees, won't Thou grant me Thy Vision?

OM BHADRAKĀLĪ

ōm bhadrakāḷī śrī bhadrakāḷī
śaraṇam ennum ēkum dēvīyē - mōhinī
ambikē pāhimām
śrī dēvī chāmuṇḍī
mēdamēki nin janatte kāttukoḷḷaṇē

O Bhadrakali, O Goddess who ever gives refuge, Enchantress and Mother, bless me. O Goddess who killed the demon Chamunda, please lovingly protect Thy people giving them delight.

taṅkacchilampaṇiñña nin padāmbujam
anpōṭṭiyangaḷ kumpiṭunnitā
nin kaṭākṣamēki nī anugrahikkaṇē
chaṇḍikē manōharī viśāla narttakī

We bow to Thy Lotus Feet which are adorned with gold jingles. O Chandika, O Beautiful One, O Great Dancer, bless us with Thy glance of grace.

pāṭunnū nin gītam
tēṭunnū nin pādam
dārikante talayaṛutta vīrabhairavī
tāṇu vīṇu kumpiṭunnu kāruṇyāmbudhē

O valiant Bhairavi who has severed the head of the demon Darika, we sing Thy praises seeking Thy Feet. O Ocean of Grace, we bow down to Thee.

ŌMKĀRA BRAHMATTIN

ōmkāra brahmattin nādam tuḷumbunno
rētō prabhā mañjari nī
ētō prabhā mañjarī
chārattu vanniṭān mōhicho renne nī

dūrattil ākkiṭollē - ammē
dūrattil ākkiṭollē (ōmkāra)

O unknown bouquet of Effulgence that brings forth the sound OM, the Absolute, keep me not at a distance, O Mother, me who yearns to come close to Thee.

ātmānu rāgattin ādhāramā uḷḷa
premō jvalanilayē
premō jvalanilayē
nīkkukil īyivan ēzhayāyi tīrnnupōm
orkkumō jīvanāthē! (ōmkāra)

O Support of the longing soul, whose Form is the flame of Love, if Thou push me away, I will remain as a helpless soul. Will Thou remember that, Lord of my life?

ātmārppaṇattināyi āgrahamēṛi nin
sūnu ñān kēṇiṭunnū, sūnu ñān kēṇiṭunnū
nirddōṣiyāmenne mṛtyuvinnayi nī
arppaṇam ēkarutē ammē,
arppaṇam ēkarutē (ōmkāra)

This son of Thine is crying to be able to surrender himself to Thee. Don't offer this innocent one into the hands of Death, O Mother.

ŌMKĀRA DIVYA PORŪḶE I

ōmkāra divya porūḷe varū
ōmana makkaḷe vēgam
ōmanayāyi valarnā mayaṅgal nīkki
ōmkāra vastu āyitīru

Come quickly darling children, you who are the Essence of OM. Removing all sorrow, grow as endearing ones and become one with the sacred syllable OM.

ennile ñān āṇu nīyum pinne
ninnile nī āṇu ñānum
kaṇṇu kāṇāyi keyāl bhinnamāyi tōnnunnu
bhinnam alennāl ī tōnnum

You are the 'I' which is in me and I am the 'you' which is in you. The feeling of difference is due to the blindness of ignorance. In truth, nothing is separate.

bhēda vichāram valarnāl manam
māyāntakārattil ārum
mārgum manavum namukāgayāl nammaḷ
āren nada ārān yaṟīyu

If the attitude of duality increases the mind will fall deep into the darkness of illusion. Therefore, let us seek the Self and know who we are before the mind loses its lustre.

uḷḷa tēkātma svarūpam pakal
allennumilloru bhēdam
tellumagaleyaluḷḷil nirantaram
minni telinyuḷḷa sippū

The non-dual Self alone exists which knows not the difference between day and night. It is not far away but abides within us constantly shining forth with brilliance.

ātma sarovara nītil
kūlichātma samtṛipti varuttū
śāśvatānanda tinādyam manasine
svāyatem ākkān sramikkū

Find satisfaction by bathing in the Lake of the Self. In order to enjoy Immortal Bliss, first try to attain the Self.

ninnil alinyenni lākū sadā
ninnil ānandam tireyū

kanmaṣam pōyi janma sāphalya meluvān
nirmmal ātmāvil layikkyū

Merge in your Self to become one with Me and always seek happiness there. In order to remove all sorrows and to fulfill this birth, get absorbed in the Pure Self.

dāsarkku dāsiyān amma
namukilloredam svantamāyi
niṅgaḷ tan antarātmā viṅgalāṇente
svanta sthalam santatavum

Mother is the servant of servants and has no abode of Her own. Her real dwelling place is in your innermost Self.

picha naṭakunnu niṅgaḷ amma
otu naṭakunnu kūde
uttamarāyuḷḷa makkaḷē niṅgaḷkku
nityadā bodham valarttān

Stumbling as you are, my children, Mother walks beside you in order to develop the consciousness of Eternity in you.

vyomatin nīlima pōle dūre
nīrala pōle maruvil
kāṇum prapañcham verum tonal āṇitu
māya tan jālam ennorkkū

Like the blue of the sky and the water of the distant mirage in the desert, remember that this world is unreal brought forth by the magic of Illusion.

tūlya bhāvamkayi varānyāl
namukkilla sukham tellu polum
amma chollu natal kollān kariyukil
uḷḷatuḷḷatil teliyum

Without gaining equanimity of vision, even a bit of real happiness cannot be enjoyed. That which IS will dawn within you if you are able to imbibe the utterances of Mother.

kālam vridāvil ākkolle vanna
kāryam ārum mara kolle
oro nimeṣavum kēvalātmāvine
bodhi padinnāyi sramikkū

Don't spend your time uselessly forgetting the purpose for which you have come to this world. Try to be aware of that Absolute Self each and every moment.

nāma mantraṅgaḷ japiche chitta
rāgādi rogam kedutī
dhyāna yōgam tanvasam varuttīdukil
jīvitam dhanyamāyi tīrum

Blessed will be this human birth if the technique of meditation through chanting the Divine Name and mantras of the Lord is learned, thereby extinguishing the disease of attraction and repulsion.

tyāgam manasil varānyāl kodum
tāpam varum māya mūlam
āsa tīrāy kilo klēśam erum sarva
nāsam varum bhūvil ārkum

If the mind is devoid of renunciation, great suffering will befall one through illusion. If desire is not uprooted, affliction follows which will culminate in the utter ruin of anyone in this world.

snēham āṇīśvara nennu makkaḷ
orkanam uḷḷatil ennum
snēha svarūpate dhyānichu niṅgalum
snēha svarūpamāyi tīrū

Dear children, always remember in your heart that God is Love. By meditating upon that Embodiment of Love you also will become Love personified.

pāricha chintakal poki makkaḷ
prāpikkanam svātmabodham
sthānamānangalkku sthānamillātmāvil
ātmānubhūti varānyāl

Casting off the burden of thoughts, attain the awareness of your own True Self. If the intuitive experience of the Real Self is achieved, there will be no place for self-importance and self-conceit.

lōka śāntiku takāte makkaḷ
jīvitam pārākidollē
jñāna sukha pūvil cherniru nittiri
ten mantra rāgam porikkū

Children, lead not a fruitless life by not giving peace to the world. Abiding in the blissful Flower of Knowledge, lightly sprinkle the honey of the melodious mantra.

nityam etennu darippān
makkaḷ eppozhum mettam sramikū
chitta pūvingaḷ patar nirikum
mōha nidraye nīkki teliyū

Children, always strive to know That which is eternal. Become illumined by removing the pervading darkness of delusion from the mind.

pakṣi mṛigādikaḷ pōle prapañchatil
pirannu chākāte
lakṣyam nirūpichu rachu sammodamo
dulpū vidarttān sramikkū

Don't get trapped in this cycle of birth and death like birds and animals. Be firm in your goal and joyfully try to open the Heart Lotus.

sattine nannāyi grahichāl ellām
svattāyi mārum namukku
niṣtayil ninnalpam tetti tā teporum
satchidānandam smarikkū

If the Essence is known well, everything will become valuable to us. Without making even a slight error in the observance of your spiritual disciplines, remember Being-Awareness-Bliss Absolute.

veshattil alla mahatvam dhana
lābhattil alla prabhutvam
ekāntamāyi manam ekātma vastuvil
ekāgramākān padikkū

Greatness is not in the dress nor is lordship in the acquisition of wealth. Be in solitude and learn to concentrate the mind on the One Self.

śuddha hṛdayarāyi kēlkekkal
śraddhayodī tattva sāram
śuddha bhakti pravāha tingal ārukil
apore janma sāphalyam

Dear children, attentively listen to this essential truth with a pure heart. The fruit of life is immediately gained if one gets immersed in the continuous flow of pure devotion.

poruka makkaḷe niṅgaḷ vēgam
bheda mattā haricīdān
inamma nalkunna tāharichīdukil
tīra vyatakalum tīrum

Come quickly dear children and eat everything without distinction. All the never-ending afflictions will cease if you eat what Mother provides today.

sāhōdaryatinte tenum pinne
dīnānu kambatan nīrum
āvola mundi vidātmā vilekulla
pāteyum śobhichu kānām

Here you can find the sweet honey of brotherhood and the stream of mercy to the afflicted. One can also see here the shining path unto the Self.

āśrama jīvitum dhanyam ennāl
āśramattil kariyēṇam
ātmāvil āśrayam nedān mika vārnor
āśramattil murukēṇam

Blessed is life in an ashram, yet one should always be making 'that effort.' Absorb yourself in that excellent effort which will gain for you the Supreme Self as your sole refuge.

nārī janatinde munnil ninnu
nānam kunungolla makkaḷ
vēdānta vēdyan padābjatil etuvān
kāminī kāñchaṇam pokkū

Children, don't flirt before women. Abandon women and gold (lust and greed) in order to reach the Lotus Feet of the Bestower of Vedantic Knowledge.

nāri mār niṅgaḷum nēre vēnda
tetennu chinti churachu
pāril anarthada jīvitattil ninnu
pāramārtthyate grahikkū

Oh women, you also should think over and decide what is really wanted in this life. Free yourself from the clutches of the meaningless world of diversity and apprehend the Supreme Reality.

alleṅkil ellām orīśan tante
sallīla yānennu rakū
sarvārpanattāl manas ātmavastuvil
sarvadā viśramikkyate

Otherwise be firm in the conviction that everything is the sport of the One God. Let the mind always rest in the Self with complete surrender to Him.

makkaḷe niṅgaḷkku vēndi amma
etra janmateyum pūgām
chitta rāgangaḷ koratta millāyikayāl
śraddhichu jīvikya makkaḷ

Darling children, Mother is ready to take any number of births for you. Endless are the mental fluctuations, my children, so always live with utmost alertness.

śāśvatānandamte vēgam
makkaḷ sākshātkarikkyān padikū
dhyānicchu sākshāt karikyāte yanyarkka
tekuvān ārkenge nōkkum

Children, quickly learn the way to realise Eternal Bliss. How to transmit it to others without realising It through meditation?

iṣṭa daivatte bhajikān ārkkum
niṣta venum yatākālam
ātma svarūpa mānennu rachāl tattva
bhaktiku vignamilletum

One can worship one's Chosen Deity but in doing so regularity is necessary. If one has the strong conviction that devotion is identical with one's own True Nature, then there is no harm in practising devotion while established in Knowledge.

tattva mūlatte grahichu bhakti
tattvatil ettunna nēram
muktikyu vere bhajikyāte bhaktiye
bhaktyā bhajikyunnu bhaktar

When the state of real devotion is attained apprehending its basic principles, the devotee, without worshipping anythig else, devotedly worships Devotion for the attainment of Liberation.

OMKĀRA DIVYA PORUḶĒ II

omkāra divya poruḷē varū
omana makkaḷe vēgam
ōmanayāyi valar nāmayangaḷ nīkki
omkāra vastuvāyi tīru

Come quickly darling children, you who are the Divine Essence of OM. Removing all sorrow, grow as endearing ones and become one with the sacred syllable OM.

mōkṣatil āsa undeṅkil makkaḷ
svārtatā bhāvam tyajikkyū
dīna janatinte tengaḷ dhvanikale
kātuttu kēlkkān śramikku

Children, if you are desirous of attaining Liberation give up selfishness. Try to listen to the sorrows of the afflicted.

amma tan omal kitāngaḷ makkaḷ
amma chollum mozhikēlkū
ningaḷ ārennonnu ningal aṛiyukil
ningaḷiluntamma yennum

Mother's dear children! Heed Mother's words. When you realise who you are, then you will know that Mother has always been within you.

chetassil pontum vichāram makkaḷ
nerittu kāṇān padikkū
pontunna chintakal chīnti kalañātma
chintayāl chittam telikkū

Children, learn to observe the thoughts that rise in your mind. Dispelling them, purify the mind with thoughts of the Self.

chintāpa ratvam vediñu makkaḷ
anta rātmāvil charikkyū
bhogam bhujicāsa tīrumen ārume
pūti vichāri chitenda

Give up the habit of brooding and look into your inner self. Do not vainly hope that by gratifying the senses one can eventually become dispassionate.

vyartatā bodham valarttum chintā
grastatayi kantyam varuttū
payitruka sambattil sambannarāyi makkaḷ
pārinna nartham keduttū

Break the chain of thoughts that perpetuate the sense of futility. Extinguish the evils of the world arming yourselves with the fire of our rich heritage.

omana makkaḷe ningaḷ amma
otunna tattvam grahichu

jīvitā yodhanam dīramāyi cheyyukil
jīvante satgati nedām

If you fight the battle of life bravely after understanding Mother's teachings, you can reach the Great Goal destined for all souls.

sarvāgama tinte sāram orttāl
ayikama tyatin ninādam
sārattil ātma svarūpa mānāru
mennā vēda sāram grahikkū

The call to Unity is the message of all scriptures which declare that everyone is that One Self. Understand that everyone is the Self only, which is the Essence of the Vedic teaching.

oro manal tari polum sadā
samvadikkyunnun dī satyam
svastha chitta tinu kēḷkkāma tin svanam
susthirātmā vinte śabdam

Even the grains of sand are ever declaring this Truth. The quiescent mind can hear that Voice, the Voice of the Unmoving Self.

ārdrata vēṇam manassil bhakti
bhāsura tayikatu mukhyam
vighnangaḷ ellām vilōpam varum jīvan
mukti katonne sahāyam

Softness (fluidity or transparency) of mind is a prerequisite for gaining devotion to God. Gaining that, all obstacles will be removed resulting in the Liberation of the soul.

mumpokke nammaḷ keteṣtam kāttil
svachanda dhyānam nadattām
kātellām vetti teli chinnu martyante
chetassu kātāyi māri

In olden days we could meditate undisturbed in the forests. Now we have destroyed the forests outside and made a forest of our mind.

annatte vanya mṛgangaḷ nammo
tonnichu kūttayi kariññu
innatte vanya mṛgangaḷe polum nām
vellunnu nirdaya vāyipil

In those days, wild animals lived peacefully with the sages. Today, man is even more merciless than wild animals.

poya kālangaliḷ ninnum ere
sthūla māni natte lōkam
lakshya meten nariñi kālam niṣtayil
śraddha vēṇam mukti netān

The world today is far more materialistic and extroverted than in those days. Hence, we must ever be aware of our goal and vigilant in our sadhana in order to attain Liberation.

ātmāsaya tinu vēndi vēṇam
āśrama jīvitam tedān
āśramam sākṣāt karippa talla lakṣam
ātmasākṣātkāra mallo

One should lead an ashram life in search of the Self alone. The Goal is not realising an ashram but rather realising the Self.

buddhi kondettān prayāsam marttya
yukti kondettān prayāsam
nirmala hṛttil teḷiyum pakal pol
prapañcha sāram makkaḷorkkū

The Truth is difficult to know through the intellect or through reasoning. But remember, my children, that in the pure heart the Essence of the world will shine as bright as day.

vāstavam viśmari kolla makkaḷ
āśc̄haryam kandu nilkolla
sachidānandam vinashtam varum mṛtyu
tottu pinpe yunda torkkū

Forget not the Truth. Be not fascinated on seeing the wonders of this world. Remember that if you miss the Existence-Awareness-Bliss (Satchidananda) Death will be just behind you.

pontāraka pūkkaḷ makkaḷ mannil
minnitil anganam ennum
ningaḷ tan jīvitam kandu vēṇam lōkam
tin makaḷkkayi viṭṭu vārān

Children, you are golden star-like flowers, you should shine in this world. Seeing your life, the world should abandon its evil ways.

pañchendriya tin pitiyil pettu
vañchita rākolla makkaḷ
pañchendriyangaḷ tan anchinam vastukkaḷ
chinta cheyitā śakti nīkkū

Do not be deceived by the five senses, my children, contemplate on the Truth destroying the passions that arise in your mind through those very senses.

satyāva bodham sphurikkum nēram
ikān matellām nirartham
bhittimel tūngunna chitrangal ennapol
cittil trasippū prapañcham

When the Truth shines in your consciousness, all this that is seen here becomes meaningless. The Universe will be known to be like a picture on a wall.

neruttu pokuka makkaḷ daiva
snēhattin tīrtha tilāyikayi
ā mahā snēhārnavatil ninnā volam
āchami chāyatāyi tīrām

Children, go directly to the pond of God's Love. Drink to your heart's content from that Ocean of Love.

mārki tala rolla makkaḷ sarva
sāhōdaryattvam pularttū
ammayē āśrayi chetunna makkaḷe
amma vetiyu killorkkū

Have a fraternal feeling for each other. Try not to feel tired, my children. Remember, Mother will not forsake a child who takes refuge in Her.

snēhattin kaikaḷ korukkū makkaḷ
tyāgattin mantram japikkū
jñanattin dīpam teḷichu ninnī lōka
śokattin kūrirul nīkkū

Join your hands in love. Repeat the mantra of 'tyaga' (renunciation), light the lamp of Knowledge and dispel the darkness of the world.

anga kalattalla daivam sadā
tanna nayattunda kattum
engum nirañum tanullil teḷiñum
ninnellām nadattu natīśan

God is not far away. He is ever near you, nay, within you. Filling everywhere and shining within, all is done by Him alone.

nālana tuttān yeriñu daiva
prīti mōhikkunnu marttyan
ī prapañcha tinte ādhāra rūpanā
nālana tuttentu cheyivān

People seek His pleasure throwing a penny at His Feet. What is a penny to the Lord of this world?

daiva sampat āni tellām nammaḷ
kaiyyata kunnatu maudyam
daiva prītikyāyi nam nalkum dhanangaḷum
daivattin svanta mānorkkil

Everything is the property of God. It is foolish of us to make it our own out of selfishness. Remember that the money we offer to HIm is His only.

arkkannu kannu kandītān nammaḷ
kaittiri kāttentatundo
daivattin svanta dhanatte yetuttu nām
daivattin ekentatundo

Need we light a candle to enable the Sun to see? Why should we give to God that which is already His?

daiva sahāyam labhippān makkaḷ
sarvam samarpikyū bhaktyā
oronnu mātma svabhāvam pulartunna
tānennu kānān śramīkkū

Surrender everything with devotion to God that you may gain His help. Try to understand that everything is of the Self, nay, the Self Itself.

dēvatā bhāvam katannu makkaḷ
dēvadēvesa nil cherū
jīvante yādima sthānatte bodhichu
bodha svarūpamāyi tīrū

Go beyond the worship of deities and merge in the Supreme Being. Realising the basic Source of all souls, be that Reality Itself.

tālam pirayikunna jīvan nēre
tārottu porunnu vīndum
vaividhya bhāvam vetiyāyikil makkaḷe
poyalla śokam timarkkūm

The soul that plays the discordant note falls down. Unless you give up the sense of multiplicity, you cannot escape pain.

jīvante pūrna svarūpam śuddha
bodha mānen nariyumbōḷ
pōkānum illa varānum illa nyanum
tānu millellām samatvam

When the True Form of the individual soul is known to be Pure Consciousness, then there is nowhere to go and no place from where to come. Nor is there any difference between oneself and others. Then everything becomes One Equality.

jīvante jīvattva bhāvam viṭṭu
mārā tirikkyum varekum
chetassil pūjichu dhyānikanam
svasvarūpamen ortishta rūpam

However, until one sheds the sense of individuality one must worship the Lord and meditate on the Divine Form that one likes realising that Form to be one's own Self.

nirvyāja pūrvam bhajichāl ārkum
nirvāna saukhyam labhikyum
viśva visāl āntarangatil īśvaran
nityānu vartti tān allo

By worshipping God wholeheartedly, one could gain the Bliss of Liberation. Then the Universal Being would become one's Eternal Servant.

snēhi chitendavar makkaḷ tammil
krodhichu poko lorālum
pāril parasparam snēhicu jīvichu
jīvante bandhanam nīkkū

Children, you should all love one another. None should get angry and break away. Living in this world loving each other, remove the shackles binding the soul.

sarva dukhangaḷum nalkkū makkaḷ
sarveśvaran tante kālkkal
sarvajñanam sarva sākshiyum ningaḷe
sarvadā samtripta rākum

Children, offer all your sorrows at the Feet of the Lord of All. The Omnipotent, All-witnessing Lord will satisfy all your desires.

ŌMKĀRA DIVYA PORUḶE IV

hṛīmkāra mantram muzhakki sadā
pāyum purapōl manassum
nīndoru kīdatte prēmātma sindhuvil
chernnangatāyi tīrnnidatte

Chanting the mantra 'Hrim', let the mind flow like a river towards the Ocean of Love and meet and and become one with It.

śatyattin nervaritedū makkaḷ
niṣkāma bhāvattilude
buddhiyum yuktiyum mangalettī dāte
mukti mārgattil charikkū

Children, search for the straight road towards the Truth with a desireless attitude. Walk on the path of Liberation with a clear intellect and reason.

uḷḷil vēlicham viriyān makkaḷ
uḷḷāl śramam cheyka nannāyi
uḷḷunar nallāte yillātma śāntiye
nullattil orkkanam makkaḷ

Children, make intense internal effort for the dawning of the Inner Light. Remember, my children, that without the inner awakening, there is no peace of soul.

niṣkāma bhāvārkka bhāsil svayam
vyaktamāyi kānām svarūpam
svāsthyam manassinnu sādhīppān santatam
svātma vichāram valarttū

One can clearly perceive one's Self in the sunlight of desirelessness. Always be engaged in self-enquiry to attain peace of mind.

chittam samāhitamākkū makkaḷ
chitsukham nedān śramikkū
santāpa nāśavum śāntiyum kaivarān
svānta samatvam varuttū

Children, try to get peace of mind through integration of thought. In order to gain peace and put an end to sorrow, get established in internal equanimity.

kaipidi chamma nayikkām nīrum
kaivilang ellām arikkām
samsāra vahniyil kāl varutīdāte
kaitannumārgam telikkām

Mother will take your hand and lead you, removing your painful shackles. She will clear your path through the fire of worldly existence and support you lest you slip.

tatvārtha bodham valarttu makkaḷ
sachidānandam smarikkū
bhakti pūrvam manas ātmā vilarppichhu
mukti lābham kaivarikkū

Children, carefully nurture your reflection on the Supreme Principle and remember Existence-Awareness-Bliss. Gain Liberation by offering your mind with full devotion to the Self.

dūre vihāyasil engān tangum
daivatte yādarikkyenda
ammaye daivamen ārum karutenda
ningaḷ ārānen nariyū

Respecting God sitting far away in heaven is not what is needed. Nor need one think that Mother is God. What is needed is to know who really you are.

āreyum snēhika sīlam janma
sīlamān amma kyatorkkū
poyyalla mujjanma bandha mundammayil
ettunna makkaḷkku satyam

To love everyone is Mother's inborn nature. It is a truth that all the children who reach Mother have had their relationship with Her from the previous birth as well.

venna polullam teliñāl nannāyi
uḷḷa tullattil teḷiyum
chinmōha nātmāvu narnnāl prapañchavum
sammōha nātmasvarūpam

When the mind is purified like butter (ghee), what is real will reflect as It is within. When the Self, now under the spell of the mind, is awakened, the entire universe becomes the beautiful form of the Self.

īśvar ājñāvidhe yatvam vēṇam
ārkkum vipattāke nīngān
ātma viśvāsam ketuttukil makkaḷe
vyartha tāśokam tarakkum

To be free of danger, one should be obedient to the commands of God. Children, if you lose your self- confidence, a sorrowful sense of futility will flourish.

ammatan sārōpadēṣam sravichantara
śuddhi varuttū
makkaḷe ningaḷil nitya sāyujyattin
saddhanya lōkam vilangum

Give attention to the essence of Mother's advice and cultivate internal purity. Then children, the Divine World of Eternal Bliss will shine forth within you.

munpottu pōkān vitāte māya
pinpottu tallunnu namme
dehātma buddhi yil kālam karikkyunnu
śōkam timarkkunnu hṛttil

Maya, the Great Power of Illusion, is pushing us back from progressing (spiritually). We are spending our days in body-consciousness with a heart full of sorrow.

māyāpra lobham varikyāyin ammē
bādhiccho rāsā pisācchi
māyāndha kūpattil vīrttunnu hā kaṣtam
kālanno rūnākki namme

What a pity that the devil of desire, which affects us through illusory temptations, kicks us into the dark abyss of Maya (illusion), making us the food for the god of Death.

āsa pisācchin pidiyil pettāl
kaṣtam namukkātma naṣtam

āsa vittīsanil āsavacchāl mana
klēśangaḷ ellām nasikkum

If you get caught in the grip of the devil of desire, woe to you! for you will lose your soul. All worries will come to an end if only you give up your desires and keep your hopes in God alone.

ēkānta dukha talarcha tīrān
ēkātma bōdham telikū
ātmāvileka tvabodham talirkkumbōl
tīrum bhayam śōkamōham

To remove the weariness of loneliness, develop the awareness of the Oneness of the Soul. When that consciousness dawns, there ends fear, sorrow and illusion.

jīvande yudgatikyāyi vēṇam
jīvippān nām bhūtalattil
oro niśvāsavum lōka śāntikyulla
snēha sandēsa mākatte

We should live on this earth for the upliftment of the soul. Let each breath of ours carry the message of peace to the world.

citta viśuddhi varāyikil ārkkum
tatvārtha bodham varilla
tatvārtha bodham varāyikil varillārkkum
nisvārtha sēvana sīlam

Without purity of mind, no one can grasp the subtle experience of Truth. And without that, the attitude of selfless service is impossible.

mantram manassāl japichum manam
ventārakam pōl tēlichum
ārattil ārattil ārnetti yātmāvil
āmagnamāyi mukti netū

By incessant repetition of the mantra within, letting the mind shine like a star, and diving deep into the soul within, get Liberation.

āvatillātāvum munpe ātma
lābhattin ālākumakkaḷ
tātan tanayanum tāyayum toranum
āru millantyattil bandhu

Before getting too old to do anything worthy, become capable of gaining your soul, my children. On your death-bed, your father, mother, wife and son will not be there to save you.

dhīrarāyi tīruvān makkaḷ neril
dehātma bodham tyajikū
tīyyil dahikkyunna dēham allātmāvu
tīyinum tīyyānatorkkū

Be brave, my children, and give up body-consciousness. Remember that the soul cannot be burned by fire but is the Fire to even fire itself.

tyāgamānīmannin śakti lōka
śānti yānīmannin siddhi
snēha mānī mannin ojassum vīryavum
jñānamān ātma chaitanyam

Renunciation is the real power on earth and world peace is the real achievement in this world. Love is the effulgence and vigour of this earth and knowledge its illumining soul.

śāntarāyi chintikya makkaḷ irul
mārānoli vīsidenam
tyāgamen tānaten tennum dharikyaṇam
tyāgattilalo viśrānti

Children, please think it over peacefully; only light can remove darkness. Grasp what is meant by renunciation, for only in that there is complete rest.

vēṇam viśvāsam vinayam ārkkum
vēṇam manassin nadakkam
vēṇam dayāvāyi puvenam nisvārthata
vēṇam balam kṣamā sīlam

One should have faith, humility, a disciplined mind, compassion, selflessness, strength and patience.

nānā matangaḷum ammē eka
sārattilekyāyi nayippū
chitrakāran bhinnavar nangaḷāl navya
chitran telikyunna pōle

All the different religions lead us to the same Principle. It is like a painter using different colors to paint a picture.

satru tābhāvam tyajikū makkaḷ
mitra mānāru menorkkū
svantam sukham tyajichanyarkku santāpa
śāntiku pāyam tirayū

Give up enmity, children, and remember that all are friends. Try to find out the means to relieve others of their sorrows even at the cost of your own comfort.

onnil ninnonnu millanyam ellām
onninde bhinna tābhāvam
anyane tannil ninnanyanāyi kāṇukil
tannil ninnum tānumañan

Nothing is separate from the Unity of Existence. All are but diverse aspects of the same Truth. If you look upon someone as separate from yourself, you are but alienating yourself from yourself.

daiva tārādhana mākkū makkaḷ
cheyyunna karmangal ellām
daiva niṣedhamāyi cheyyunna karmam tan
kaivilangāne nariyū

Children, make all of your actions into worship of God. Know that any action done against Him only binds you.

nirmala mānasarākku makkaḷ
dharma sāram kandariyū
nūtana vastukaḷ nedān durāsakal
eriyā lerum nirāsa

Children, make your mind pure and then understand the essence of dharma (righteousness). If you perpetuate the evil desire for ever new things, it will lead to disappointment.

ādaravāyi pode vēṇam lōka
jīvitam nām nayicchīdān
ātmāvil sūkṣmata vēṇam manassil nin
āsakal verattu ponam

We should lead our life in this world with an attitude of reverence. Be watchful in spirit and root out desires from the mind.

tatvam grahikyunna buddhi bāhya
svattil bhramikkilla tellum
chittum jadavum tiri chariyāttavar
cattapol jīvippu kaṣṭam

The intellect which knows the Truth will not be swayed by external wealth. Those who cannot discriminate between the inert and the conscious are as good as dead.

chaitanya mātramānengum jadam
sādhu vallennāl namukku

sādhan ārambhattil vēṇam valarchakkyāyi
chijjada bhāva vichāram

Even though the world is naught but Consciousness and matter does not matter at all, during the initial stages of spiritual practice, a discriminating intellect is needed to differentiate between the two for the sake of our growth.

veda vedāntangal ellām tannil
tāne teḷiyum pakalpōl
dhyāna nilīnam vilangunna cetassil
jñānāmritam churannīdum

The Nectar of Knowledge will gush forth in the mind that is absorbed in meditation and the Vedas and Upanishads will shine forth of themselves from within as clear as daylight.

antarālam chuttunīri daiva
chinta cheytandata nīkkū
tannullin uḷḷil ullātma svarūpanil
nannāyi samarppanam vēṇam

Remove the darkness of ignorance by thinking of God with a burning heart. There should be total surrender to that One within in the form of one's own soul.

kāruṇya rūpan kaniñāl janma
sāphalyamā yennaṟiyū
ātmārtha bhakti yodāśrayi kyunnavar
kīśvaran śāśvatānandam

Know that if the Compassionate One is pleased, your life will be fulfilled. For those who take refuge in Him with sincere devotion, God is for them the Eternal Bliss Itself.

ŌMKĀRA MENGUM

ōmkāra mengum muzhangi ṭunnū
ōrō aṇuvilum māttoliyāyi
ōtuka chitta maṭakki nannāyi
ōm śakti ōm śakti ōm śakti ōm

The sound OM is ringing everywhere as an echo in every atom. With a peaceful mind, let us chant "Om Shakti."

valutāyikkāṇum prapañchamellām
viravil vṛthāyen aṛiññiṭumbōḷ
varavāyi ninne aṛiyuvānāyi
varadēvatē! viśva vandīyē!! (ōmkāra)

O Noble One who is adored by the Universe, we come to know Thee well when this Universe is understood to be worthless which so far was felt as great.

aṇapoṭṭi ozhukunnu śoka bāṣpam
tuṇayamba mātramāyi tīrnni tippōḷ
vṛṇatuchcha bhōgam tyajicchivanē
aṇikaramēki anugrahikkū (ōmkāra)

Tears of sorrow are overflowing and now Mother is the only support. With Thy beautiful hands, bless me who has given up the sorrowful and worthless worldly enjoyments.

keṇivaccha laukikā śakti ellām
paṇamōha jvālayil keṭṭaṭaṅgum
tṛṇavatkkarikkunnu yōgi vṛndam
kṣaṇa nēra sukham ēkum mṛga jīvitam (ōmkāra)

All the deceitful worldly desires get destroyed in the flame of the infatuation for money. The animal life that provides us with momentary enjoyment is considered as worthless as grass by yogis.

bhava kānanāgni bhayannu vannu
bhaya bhañjinī nin padamaṇaññu
bhavatāriṇī nī veṭiññu vennāl
bhuvanattil entināyi vāṇiṭēṇam (ōmkāra)

Getting frightened by the wild fire of transmigration, O Destroyer of fear, we have reached near Thy Feet. O Thou who takes us across this Ocean of Becoming, if Thou forsake me, what for should I live in this world?

mṛti bhayameṅgō maṟaññu pōyi
mṛṇmaya kāntiyil āśayum pōyi
smara harakānti kalarnna ninmeyi
smaraṇam nirantaramāyi varēṇam(ōmkāra)

The fear of death has gone. The desire for physical beauty is gone. Incessant must come the remembrance of Thy Form which shines with the Light of Shiva.

uḷḷil niraññu kaviña dīptī
munnil teḷiyunna nāḷ varumbōḷ
unmatta bhaktiyāl nin rūpakāntiyil-
onnāyicchērnnu layikkumallō(ōmkāra)

When the overflowing inner light fills within and overflowing without, shines before me, I will merge in the beauty of Thy Form through the intoxication of devotion.

aḷavattu kāṇān koticcha rūpam
azhakellām onnāyuraññukūṭi
atulita saundaryamāyi varunnu
alatallun ānanda bāṣpa dhāra (ōmkāra)

This Form is what I longed to see most. All loveliness has crystallized and come as this unequalled beauty. And now the tears are overflowing.

ORU NĀLIL ÑĀN EN

oru nāḷil ñān en kaṇṇane kāṇum
oru gāna mādhuri kēḷkkum
ōmana chundukaḷil ōṭakkuzhalumāyi
ārōmal kaṇṇanen munnil varum (oru nāḷil)

Some day I will see Kanna (Krishna) and hear His melodious singing. With the flute gently pressed against His lovely lips, my darling Krishna will come before me.

annente janmam saphalamākum
annu ñānānanda magnanākum
unmattabhakti tan uttunga sīmayil
ninnu ñān ānanda nṛtta māṭum (oru nāḷil)

On that day my life's purpose will be fulfilled and I will be immersed in Bliss. Standing on the summit of intoxicating devotion, blissfully I will dance in Divine Bliss.

ī jīva rāśikaḷkkādhāramāyiyuḷḷō-
rīśanalle jagat pālakanē
īṣalum kāla viḷambamenyē
īśvarā ninne ñān kandiṭaṭṭē (oru nāḷil)

O Sustainer of the Universe, art Thou not the Lord who is the Substratum of all these beings? O God, let me see Thee without even a moments delay.

ORUNĀLIL VARUMŌ

orunālil varumō hṛdaya śri kōvilil
orikkalum aṇayātta dīpavumāyi
atināyiṭṭaṭiyan alayunnitammē
alaukikānandamē ammē
alaukikānandamē

Won't Thou come one day to the shrine of my heart with an ever-burning lamp? This suppliant is wandering about only for that, O Mother of unearthly bliss.

uyarangaḷil ñān umayettēṭi
urukunna chittavumāyi
tazhukīṭum nin karavalliyāl dēvi
tarumō nin kṛpa iniyum? (oru nāḷil)

I have searched for the Goddess (Uma) in the heights. O Devi, bless me with the caress of Thy soft hands. O Mother, won't Thou give Thy Grace?

taḷarunnu ñān, takārate
taṇalēkū mama janani
amarunnu nī ennil eṅkilum
aṛiyunna nāḷ varumō? (oru nāḷil)

O Mother, give shelter to me who am collapsing with exhaustion. Though it is true that Thou dwellest within me, when will the day of Realisation come?

ORUTUḶḶI SNĒHAMEN

orutuḷḷi snēhamen jīvasantuṣṭikkāyi
varaḷunnī hṛdayattin ēkukammē
entināṇ entināṇ eriyunna tīkōri
kariyunnī vallikku vaḷamiṭunnu

O Mother, for the satisfaction of my life give a drop of Thy love to my dry burning heart. Why, O why dost Thou put burning fire as fertilizer to this scorched creeper?

poṭupoṭe poṭṭikkarañña ñān etrayō
chuṭu kaṇṇīr nin munnil arppicchu pōyi
neṭu vīrppil mātram otuṅgippiṭayum en
uṭaltiṅgum karaḷ viṅgal kēḷkkunillē (orutuḷḷi)

Bursting out crying, how many hot tears have I offered before Thee? Hear Thou not my heart throbbing and agony coming out as suppressed sighs?

pāṭē paṭarnnorā chandanakkāṭati-
lūṭe kaṭan agni nṛttamāṭi
īṭum balavumī śōkāgniyil
takarnnōṭāyi teṛikkān ninnacchiṭollē
(orutuḷḷi)

Let not the fire enter and dance through the forest of sandalwood trees. Let not this fire of sorrow show its strength and burst forth like shattering tiles.

durga durgēti japicchenmati mattu
mārgaṅgaḷ okke maṛannu dēvī
svargavum vēndāpavargavum vēndente
durgē nin nirmala bhakti mātram (orutuḷḷi)

O Devi, chanting the Name 'Durga, Durga' my mind has forgotten all other paths. O my Durga, I want neither heaven nor liberation. I want only pure devotion to Thee.

PAKALANTIYIL

pakalantiyilettī nēram
entammayingettiyilla,
taniyāyirunniṭuvān
bhayamundivanen jananī
bhayamundivanen jananī (pakalanti)

Time has reached the end of the day but my Mother has not yet arrived. To sit alone, this one is afraid, O my Mother.

karaḷnontivanetranēram
vilapicchalaññiṭunnu!
iruḷvīśiyippāriṭattil

tuṇayārivanen jananī
tuṇayārivanen jananī (pakalanti)

How long must this aching heart weep helplessly? Who is there to give company to this one, O my Mother, in this world enveloped in darkness?

kaḷiyennu ninappatō, nin
ninavonnumaṛiññatillī-
gativannatinentubandham
tiru ṇāmam uracchiṭāññō?
tiru ṇāmam uracchiṭāññō? (pakalanti)

Dost Thou take it as a play? If so, I do not understand Thy viewpoint. Why such a fate? Is it because I have not uttered Thy Holy Name?

azhalārnni vaneppozhum nin
padatāru tiraññiṭunnū
tarikennuṭe hṛttaṭattil
mṛdu bhakti sudhārasatte
mṛdu bhakti sudhārasatte (pakalanti)

This one always searches for Thy Lotus Feet with an aching heart. Give me the taste of that sweet nectar of devotion in my heart.

PĀLKKAṬAL NAṬUVIL

pālkkaṭal naṭuvil vāsam, dinavum
pāl mōṣaṇa parihāsam
kaṇṇanu kārmukil niṛamāyippōyatu
kākōḷastanamundatinālō
kāḷiya damśanam ēttatumalla
kāḷiye mēcchu kaṛuttatu tanne

O Thou who dwells in the middle of the Ocean of Milk, yet ridiculed daily for stealing milk! How has Kanna's complexion become so dark? He didn't get bit by the snake Kaliya. Then He must have become dark by grazing the cattle.

maṇṇu bhujicchatu koti kūṭīṭṭā-
ṇaṇḍakaṭāham kāṭṭānalla
maṇṇinu tendi naṭannoru vāmanan
undō baliyuṭe dharmam? kaṇṇā

He ate mud only due to voraciousness and not in order to show the Universe in the microcosm of His mouth (to His mother Yashoda). How could Mahabali's charity be accepted by Vamana who had gone begging for some (piece of) land?

pandoru pōril tōttōṭiyatil
kuṇṭhitam ivanundatu pōkaṭṭe!
pāṇḍava patnikkēkiya vasanam
kandāl gōpikaḷ pazhi paṟayūllē?

O Krishna, I will forget about Thy running back in defeat on the battlefield. Won't the Gopis find fault with Thee (who stole their clothes) when they see the cloth Thou gave to Draupadi?

sandīpaniyuṭeyavil nalkāññattil-
entī priya sakhanōṭu piṇakkam?
tīyuṇmān paśiyēttam kaṇṇanu
chīrayilattari mṛṣṭānnam!

Thou quarreled with Kuchela when he forgot to offer Thee beaten rice given by his guru. O Krishna, Thou art hungry enough to eat fire yet were satisfied to eat a leaf of spinach with relish (from Draupadi).

PARAMAŚIVA MĀM PĀHI

parama śiva mām pāhi
sadā śiva mām pāhi
śambhō śiva mām pāhi
parama śiva mām pāhi

akṣara lingā pāhi mām
avyāya lingā pāhi mām
ākāśa lingā pāhi mām
ātmā lingā pāhi mām

hara hara hara mām pāhi
śiva śiva śiva mām pāhi
hara hara hara hara hara hara mām pāhi
śiva śiva śiva śiva śiva śiva mām pāhi

parama śiva pāhi mām
amṛta lingā pāhi mām
advaya lingā pāhi mām
chinmaya lingā pāhi mām
hara hara hara mām pāhi
śiva śiva śiva mām pāhi

śankara pāhi mām
śankara pāhi mām

akṣara lingā pāhi mām
avyāya lingā pāhi mām
ākāśa lingā pāhi mām
ātmā lingā pāhi mām

O Supremely Auspicious One, protect me! O Ever-Auspicious One, protect me! O Shiva from whom everything manifests, protect me!

akṣara	Indestructible
lingā	Symbol for the absolute
avyāya	Which does not decay
ākāśa	Ether
ātmā	Self
hara	Destroyer
amṛta	Immortal
advaya	Non-dual
cinmaya	Awareness absolute

PARASAHASRA

parasahasra hṛdayangaḷil dhyānikkunnū
paramahamsa chittil sadā jvalichuyarnū

O Thou Who art meditated upon in thousands of hearts, Thou blaze forth forever in the minds of those who have realised God.

mana maṛiññu madamakatti malarchoriyū ammē
makane ninte rūpam kāṭṭi mālakattuka (para)

Knowing as Thou do my mind, rid me of the ego by showering flowers. O Mother, showing Thy form to this child, rescue me from all sorrow.

jani maraṇam rōgam duḥkham patanamaihikam
mātti charaṇatalam chērānāyi kanivunalkaṇam (para)

Ridding me of this world which consists of birth, death, disease, sorrow and humiliation, show Thy mercy that I may merge in Thy Feet.

akhilaśakti nalkū dēvi ninne vāzhttān
bhajanamentennaṛiyāttavanil oḷivitaṛēṇam
(para)

O Devi, shedding thy Light on me who knows not how to pray, give me the power to praise thee.

vijanamāya dēśam pūki tiriyumennālum ammē
mōhanamīdṛśyamupēkṣicchengane vāzhum
(para)

How could I live leaving this enchanting sight of Thee here and go to a lonely place to seek Thee within?

varika hṛttil nṛittamāṭi tarika darśanam ammē
lahariyilāzhaṭṭe kāḷidāsaneppōle (para)

O Thou Who dances in my heart, letting me get divinely intoxicated like Kalidasa, grant me Thy Vision.

PARĀŚAKTI

parā śakti param jyōti
parāt parē rādhē dēvī

O Supreme Power, Supreme Light, O Supreme One, Divine Mother Radha.

jaya rādhē jaya rādhē
rāsa rāsēśvari priya priya

Hail to Radha! O Goddess of the Rasa Play, Beloved of the Beloved.

jaya rādhē jaya rādhē
rādhē śyām rādhē śyām

Victory to Radha! O Radha and Krishna.

PARIHĀSA PĀTRAMĀYI

parihāsa pātramāyi māttunnu enne nī
paribhavam illenikkammē
padatāren hṛdayattil patiyum bōzhundākum
paramānandam keṭuttallē (pari)

Though Thou hast made me into a laughing stock, O Mother, I have no grievances. Only remove not the Supreme Bliss that is experienced when Thy soft Feet are placed in my heart.

mānābhimānagaḷ sarvam tyajicchente
mātāvē nin darśanārtham
mangāte nin rūpa lāvaṇyamen chittil
tingi vazhiyunna tennō (pari)

For the sake of Thy Vision, O Mother, I have sacrificed my honour and self-esteem. When will Thy Beauty overflow without diminishing within my heart?

ñān enna bōdham naśicchorā sārūpya
bhāvam pakarunna tennō
yāminiyum pakalum maṛannānanda
sāgaramāzhunna tennō (pari)

When will Thou bless me with the identification with Thee wherein the ego is destroyed? O when shall I merge in the Ocean of Bliss, forgetting day and night?

jñāna millāttorī gānam sravicchu nī
kāruṇya mōṭezhunneḷḷū
chāravē vannonnu puñchiricchīṭukil
chētam ninakkilla tellum (pari)

Out of compassion come to me hearing this song devoid of pedantry. Thou hast nothing to lose if Thou comest to me with a smiling face.

PARIṆĀMAM IYALĀTTA

pariṇāmam iyalātta paramēśvarī - en
paritāpa makalān nī kaniyēṇamē
purameyta paramēśan patiyallayō en
puramē ninniruḷ nīkkān aruleṇamē

O unchanging, Supreme Goddess, bless me ridding me of misery. Is not Shiva, who burned down the three cities (Tripura) Thy Husband (Lord)? Deign to remove the darkness.

iruḷinnu pakalenna vidhiyillayō - ī
iruḷiṭṭa hṛdayam nī aṛiyillayō
itaḷellām aṭarunna malar pōle nāl
iṛunneṅṅō maṛayunnu varikillē nī (pariṇāmam)

Won't the night be visited by the full moon? Know Thou not about the darkness of my heart? The days are going by like the dropping of the petals of a flower, yet Thou come not.

cheṛuvallikkabhayam van maramallayō - ammē
cheṛukuññintabhilāṣam nīyallayō
cheyyēndataṛiyilla ivalkkambikē
chērnnīṭānagatīykku tuṇayēkaṇē (pariṇāmam)

O Mother, is not a huge tree the support of a small creeper? Aren't Thou what a small child really longs for? O Mother, this one knows not what is to be done, so help this forlorn one to merge in Thee.

taḷarnninnī marubhūvil maruvunnu ñān ammē
taramillaṅgarikattil izhaññīṭuvān
tiriññente gatikandaṅgarikattu nī
tiru pādagatiyēkū sarvēśvarī (pariṇāmam)

O Mother, I am pulling on exhausted in this desert unable even to crawl to Thee. O Goddess of All, see my fate and turning towards me, grant me refuge at Thy Feet.

PAURṆAMI RĀVIL

pauṛṇami rāvil vāniludikkum
vārttiṅkaḷ prabha nīyalle ammē
vārttiṅkaḷ prabha nīyalle
surabhila malar maṇi mañjalil aṇayum
vasantarāvum nīyallē

Aren't Thou the splendour of the moonlight that shines forth in the sky on a full moon night? Aren't Thou the spring night that arrives in a lovely, fragrant, flowery palanquin?

tampuruvin mṛdu tantriyil uṇarum
sundaranādam nīyallē
kaviyuṭe kalpana ūññālāṭum
taraḷita gānam nīyallē - ammē
taraḷita gānam nīyallē

O Mother, aren't Thou the beautiful sound that awakens in the gentle strings of the tambura? Aren't Thou the lyrical poems in which the imagination of the poet is sporting (swinging)?

ēzhu niṛaṅgaḷil ēzhu svarangaḷil
onnāyi chērnnatu nīyallē
pūvin maṇavum mazha villazhakum
kāttin kuḷirum nīyallē - ammē
kāttin kuḷirum nīyallē

Aren't Thou that One in which the seven colors and the seven notes have merged? Aren't Thou the fragrance of the flower, the beauty of the rainbow and the coolness of the breeze?

PIZHAYENTU CHEYTU

pizhayentu cheytu ñān ammē
ēzhayām nin makan pizhayentu cheytū

O Mother, what error have I committed? What error has Thy poor child committed?

aḷavattu mōhikkunnilla, nin
darśana bhāgyam koticchu ñān
atinum taṭassangaḷ nī dēvī
entinu sṛṣṭicchu lōka mātē (pizhayentu)

I am not longing for many things but only for the good fortune of Your Vision. Why did You, O Goddess and Mother of the World, create obstacles for even that?

abhayam teṭi vannaṭiyan ammē
aśaraṇa nāmī nindya putran
anpuḷḷa ambikē tāyē nī
kanivōṭu śaraṇam tāyē (pizhayentu)

O Mother, this unfortunate one has come seeking refuge, this helpless, mean son. O Mother, loving Mother, show compassion and save me.

śaraṇam śaraṇam nin charaṇam śivē
nī yallātilla vēṟe śaraṇam
nin pādapatmam namiykkān aṭi anu
anugraham ēkaṇē karuṇāmāyē (pizhayentu)

My refuge, my refuge is Thy Feet. Other than You, refuge there is none. To enable me to bow at Thy Lotus Feet, bless this suppliant, O Compassionate One.

PŌVUKAYĀYŌ KAṆṆĀ

pōvu kayāyō kaṇṇā nīyum
pōvu kayāyō kaṇṇā
jagattitil sarvarum kaivetiññu
pōvu kayāyō kaṇṇā

Kanna, are Thou also going? Everyone in this world has abandoned me. Are Thou also forsaking me?

nīlamaṇi pole mānasa cheppil
ninne sūkṣikkān koticchu ennum
archana cheyyān koticchu kaṇṇā

I wanted to keep Thee in the chambers of my heart as a blue jewel and wanted to do worship everyday, O Kanna.

nin rūpa nīla katalinte ārattil
muttu perukkā nāsicchu prēma
muttu perukkā nāsicchu kaṇṇā

Kanna, I wanted to collect the pearls of love from the depth of the blue ocean of Thy Form.

ānanda pakṣiyāyi nī virājikkave
ninnil aliyān koticchu kaṇṇā
en jīva dukha vihagam kaṇṇā

When Thou possessed the form of a blissful bird, the mournful bird of my life wanted to merge in Thee, O Kanna.

PRABHU MĪŚAM

prabhu mīśam anīśam asēṣa guṇam
guṇa hīna mahīṣa garā bhāraṇam
raṇa nirjjīta durjjaya daitya kulam
praṇa māmi śivam śiva kalpa tarum

giri rāja sutāñjita vāma talam
tanu nandita rājita kōṭi vibhum
vidhi viṣṇu śirōdhṛta pāda yugam
praṇa māmi śivam śiva kalpa tarum

sāmba śiva hara sāmba śiva
mahādēva sāmba śiva
mahādēva sāmba śiva

śaśa lañjita san makuṭam
śaśi lajjita sundara mukti padam
sura saivali nikruta bhūjadam
praṇa māmi śivam śiva kalpa tarum

nayana traya bhūṣita chāru mukham
mukha patma parājita kōṭi vibhum
vibhukaṇṭha vimaṇḍita phāla taṭam
praṇa māmi śivam śiva kalpa tarum

sāmba śiva hara sāmba śiva
mahādēva sāmba śiva
mahādēva sāmba śiva

mṛga rāja nikētana mādi gurum
garaḷāśana madi visāla dharam
prama thādhi pa sēvakarañjanakam
praṇa māmi śivam śiva kalpa tarum

śivā sambhō śivā
harā sāmbaśivā
harahara hara hara sāmba śivā

makaradhvaja mattatanga haram
kari chārmmaka nāga vibōdha karam

vara margaṇa sūla visāladharam
praṇa māmi śivam śiva kalpa tarum

jagadutbhava pālana nāśa karam
vita śaiva sirōmaṇi sṛṣṭaparam
priya mānava sādhu janaika hitam
praṇa māmi śivam śiva kalpa tarum

anādam sudīnam vibhō viśva nātham
punarjjanma duhkhāt parī trāhi śambhō
smara kōkila duḥkha samūha haram
praṇa māmi śivam śiva kalpa tarum

mahādēva mahādēva sāmba śiva
śambhō mahādēva sāmba śiva
hara hara hara hara sāmba śiva

śambho śivā
sadā śivā
bhōlā sivā
sambasivā

karppūra gauram karuṇāvatāram
samsāra hāram bhūjagēndra hāram
sadā vasantam hṛdayāravindē
bhavam bhavānī sahitam namāmi

śamba sadā śiva śamba sadā śiva
śamba sadā śiva śamba śiva
śiva sambhō hara hara mahādēvā
śiva śiva sambhō hara hara mahādēva

PRAPAÑCHAM ENGUM

prapañcham eṅgum niṛaññu nilkkum
māyā pratibhāsamē māyā pratibhāsamē
prabhāmayī en manassil nīyoru
prabhātamāyi varumō ennum
prabhatūki ninnīṭumō

O Illusory Appearance filling the entire Universe, O Radiance, won't Thou dawn in my mind and stay there shedding Thy Light forever?

nin snēha vātsalyamāvōḷam nukarum ñān
nin chārattaṇayumbōḷ
nin divya tējassil muṅgumbōḷ en mana -
klēśam ellām akalum - en manaḥ
klēśam ellām akalum - en manaḥklēśam ellām
akalum (prapañcham)

I will surfeit myself drinking Thy love and motherly affection. Coming near Thee and sinking in Thy Divine Effulgence, all my mental distress will flee.

ādhāra bindhuvām ninne tiraññu ñān
etra nāḷāyi alayunnū
ātmāvil ānandam ēkuvān en ammē
en munnil ettukillē ammē
en munnil ettukillē (prapañcham)

Since how many days I am wandering in search of Thee who art the underlying Core of everything. O my Mother, won't Thou come before me and grant me the bliss of the Self, O won't Thou come?

PRATILŌMAŚAKTITAN

pratilōmaśaktitan karinizhal mūṭiyen
hṛdayakavāṭam aṭayunnuvō? ammē
vijayapratīkṣatan chiṛaku taḷarnninnu
vilakeṭṭatāyi tīrnnuvō? janmam
vilakeṭṭatāyi tīrnnuvō? (pratilōma)

The doors of my heart are being closed by the shadows cast by adverse forces. O Mother, the wings of hopes of victory having become tired, life has become worthless.

Paramārttham aṛiyāttor aṛiventinu? ninte
padatārilaṇayātta vāzhventinu?
'uṭalaham' perukunna matiyentinu? ninte
azhakāsvadikkātta mizhiyentinu? (pratilōma)

Of what use is that knowledge which does not reveal the Ultimate Truth? Of what use is that life which does not take one to Thy Lotus Feet? What for is the intellect which causes one to feel that the body is oneself? In vain are those eyes that cannot enjoy Thy beauty.

iruḷil ninnātmāvu' teḷivuttuyarnnu nin
anavadyakāntiyil vilayikkuvān - ammē
mātṛsnēhattinte amṛtaraśmikaḷente
hṛdayattil viriyiykkummō
hṛttil putuveṇma viriyiykkumō? (pratilōma)

Will the rays of Thy motherly love bring new light to my heart so that this darkened soul of mine will merge in Thy brilliant, spotless Beauty?

PRĒMA PRABHŌ LĀSINĪ

prēma prabhō lāsinī dēvī
mātāmṛtānandinī
prōllasal puñchirittūmalarttēnmazha
kōrichoriyum prabhānandinī (prēma)

O Goddess, the enjoyer of Immortal Bliss, who revels in the brilliance of Love, from whose flower-like smile pours forth the Light of Bliss.

pāpabhayam puraḷāttoru jīvita-
ppāta tiraññu varunnavare
prēmattōṭamṛtānandappuzha
ōḷattāl tazhukunnavaḷ nī (prēma)

Thou art the One who caresses with the waves of the River of Immortal Bliss those who search for the Path of a life untouched by the fear of sin.

subhalābha pradamākum
paramātma prabhatiṅgi-
ppotiyum nin bhavanāśappada tāratil
praṇamikkum hṛdayattil avināśa prabhatūkū
sakalātma sudhayil ñān vilayicchīṭān (prēma)

Thy Lotus Feet, thickly enveloped in the Light of the Supreme Self, grant auspiciousness through the destruction of the bondage of Becoming. May Thou cast that Indestructible Light at me whose heart bows down to Thee, so that I may merge in the Universal Soul.

RĀDHĀ RAMAṆA

rādhā ramaṇa māma hṛdayēśā
ārtti vināśana nikhilēśā
en mānasamatil maruvīṭunnatu
chinmāyanākiya nīyallē

O Beloved of Radha, Lord of my heart, Destroyer of misery and Support of all, is it not Thee only, the Embodiment of Consciousness, who has occupied my mind?

sukhavum śāntiyum āṛivum ninavum
tikavum bhavana vibhūtikaḷum
innivanīvaka mikavu samastam
tannu tuṇacchatu nīyallē

Pleasure and peace, the intellect and mind, all household goods and a means of livelihood, is it not Thee who has kindly blessed me with all these?

bhūvanam mūnnilum ivanilloruvarum
avanam cheyvatu nīyenyē
ihaparamāyatum guruvaranāyatum
jananiyumāyatum nīyallē

In the three worlds, there is no one to save me except Thee. To me, Thou art this world and the world beyond. Thou art my Guru and Mother.

nityānanda vidhāyakanāyum
nityōpāsita dēvatayāyum
hṛdyōpāyamupēyavumāyum
vidyōtīppatu nīyallē

Thou art the Giver of Eternal Bliss. Thou art That which is worshipped eternally, and Thou art the Goal of Life and the means to reach it, and Thou art the Light of Knowledge as well.

RĀDHE GOVINDA GOPI

rādhē gōvinda gōpī gōpāla
gōvinda gōpāla hē nandalālā
rādhē gōvinda gōpī gōpāla

mīrā kē nātha prabhu muraḷi gōpāla
govardhanōdhāra gōpāla bāla
rādhē gōvinda gōpī gōpāla

rādhē	O Radha
gōvinda	Lord of the cows
gōpī	Cowherd damsel
gōpāla	Cowherd boy
nandalālā	Son of Nanda
mīrā kē nātha prabhu	Mira Bai's Lord
muraḷi	Flute player
gōvardhan ōdhāra	Who lifted up the Govardhana Hill
bāla	Boy

RĀDHĒ ŚYĀMA

rādhē śyāma hē ghana śyāma
rādhā mādhava maṅgala dhāma
jaya jaya jaya hē mēgha śyāma
mēgha śyāma mēgha śyāma
jaya jaya jaya vṛndāvana dhāma

O Dark-colored Krishna with Radha, Beloved of Goddess Lakshmi, Abode of auspiciousness, hail to that cloud-colored One, who stays in Vrindavana.

rām nām sukha dāyi bhajōrē
rām nām kē dō akṣar mē sab sukh śānti samāyirē
rām prabhu kē charan mē ākar
jīvan sabhal banavōrē

Worship the name of Rama, giver of bliss. The two syllables of 'Ra' and 'Ma' will give all bliss and peace. Fall at the Feet of Lord Rama and attain the fruition of Life.

RAGHU NANDANA

raghu nandana mama jīvana
śrī rām jai rām jai jai rām
raghu patē sīta patē daśarathe dayānidhē
rāma rāghava hē sīta nāyaka
lōkānātha rāghava
śrī rām jai rām jai jai rām

O Son of Raghu, my very life! Lakshmi's Lord, victory to Ram, victory to Ram, victory to Ram! O Lord of Raghu's dynasty, Lord of Sita, Son of Dasaratha, Treasure of Compassion! O Rama Raghava, Lord of Sita, Lord of the Universe, Raghava, victory to Ram!

RĀJA RĀMA

rājā rāma rāma rāma
sītā rāma sītā rāma
kōdaṇḍa rāma rāma rāma
sītā rāma rāma rāma

tāraka nāma rāma rāma
sītā rāma rāma rāma
rāma rāma rāma rāma

kōdaṇḍa rāma kōdaṇḍa rāma
kōdaṇḍa rāma kōdaṇḍa rāma

rājā rāma	Lord Rama the king
sīta rāma	Sita's husband, Rama
kōdaṇḍa	Rama's bow
tāraka nāma	The Divine Name which takes one across the ocean of transmigration

RĀMAKṚṢṆA GŌVINDA

hari rāmakṛṣṇa gōvinda janārdhana
achyuta paramānanda
acyuta paramānanda nityānanda mukunda

satchidānanda gōvinda
gōvinda gōvinda gōvinda
gōpāla gōvinda gōvinda

satchidānanda gōvinda
achyuta paramānanda

rāma kṛṣṇa hari rāma kṛṣṇa hari
rāma kṛṣṇa hari rāma kṛṣṇa hari

O Savior of the afflicted, Thou who art Rama, Krishna, Govinda and the Oppressor of the wicked; Thou art the unshakable Supreme Bliss, Eternal Bliss and Bestower of Liberation. Govinda is Existence-Awareness-Bliss Absolute.

RĀMA KṚṢṆA PRABHUTŪ

rāma kṛṣṇa prabhu tū
jaya rām jaya rām
yēsu pitā prabhu tū
jaya rām jaya rām
allāh īśvara tū allā hū akbar
jaya rām jaya rām
jaya rām jaya rām

Thou art Lord Ramakrishna, Hail to Ram! Hail to Ram! Thou art Father Jesus, Hail to Ram! Hail to Ram! Thou art the Lord Allah, Allah is Great! Hail to Ram! Hail to Ram! Hail to Ram! Hail to Ram!

RĀMA NĀMA TĀRAKAM

rāma rāma rāma rāma rāma nāma tārakam
rāma kṛṣṇa vāsudēva bhukti mukti dāyakam

The Name of Rama takes one across the Ocean of Transmigration and gives one both material prosperity and Liberation.

jānakī manōharam sarva lōka nāyakam
śankarādi sēvyamāna divya nāma kīrtanam

That Name has enchanted Sita and is the Support of the whole world. It is being worshipped and sung by gods like Shiva and others.

rāma harē kṛṣṇa harē
rāma harē kṛṣṇa hare
rāma harē kṛṣṇa harē
tava nāma bhajāmi sadānu harē
nāma smarana danyō pāyam
nahi pasyāmō bhava tarane

Rama Hare Krishna Hare! I am always worshipping Thy Name. In crossing the ocean of mundane existence, we see no other means than the Names of the Lord.

RĀMA RĀMA RĀJA RĀMA

rāma rāma rāja rāma
sītā rāma śrī raghu rāma
śrī rāma jaya rāma jaya jaya rāma
śrī rāma jaya rāma jaya jaya rāma

RĀMA SMARANAM

rāma smaranam bhāya haranam
raghu rāma gītam ānandam
rāma sēvanam agha haranam
raghu rāma nāmam bhava tāranam

Remembrance of Rama destroys fear. The songs about Rama of Raghu's dynasty, are bliss. Service unto Rama destroys sins. The Name of Raghuram takes one across the Ocean of Transmigration.

kausalya nandana daśaratha rāma
suramuni vandita rāghava rāma
rāmachandra hari gōvinda
ajñāna nāśaka hē śaranam

O Son of Kausalya and Dasaratha! O Raghava Rama who gods and ascetics worship, O Ramachandra who is Hari Govinda, O Destroyer of ignorance, grant me refuge!

yāga rakṣaka daśaratha rāma
viśvamitra priya raghurāma
rāmachandra hari gōvinda
ajñāna nāśaka hē śaranam

O Dasaratha Rama who protected the sacrifice, O Raghurama, Beloved of Seer Vishvamitra, O Ramachandra.

rāvana mardana daśaratha rāma
vānara rakṣka rāghava rāma
rāmachandra hari gōvinda
ajñāna nāśaka hē śaranam

Slayer of demon Ravana, O Dasaratha Rama, Protector of the monkey army, O Raghava Rama, O Ramachandra.

SADĀ NIRANTARA

sadā nirantara hariguṇa gāvō
prēma bhakti sē bhajana sunāvō
rāma kṛṣṇa kē charaname āvō
mana mandirame dīpa jalāvō
jīvana mayā bhāra lagāvō

Always praise the qualities of God. Hear bhajans with loving devotion. Come to the Lotus Feet of Rama and Krishna. Light the lamp in the temple of the mind. And thus unload your life's burden.

SADGURŌ PĀHIMĀM

sadgurō pāhimām jagadgurō pāhimām
śrī rāmakriṣṇa dēva pāhimām pāhimām

O Perfect Guru, bless me, O Guru of the World. Bless me, O Lord Ramakrishna, bless me, bless me. (Immortal Goddes, bless me)

jīva rahasyamām śānti dharmam
śānti svarūpa nīyōtiṭēṇam

Tell me the Dharma of Peace which is the secret of Life, O Thou whose very nature is Peace.

dharma rahasya mām karma margam
satya svarūpa nīyōtiṭēṇam

Tell me the Path of Action which is the secret of all dharmas, O Thou whose nature is Truth.

satyam dharmatte nayicchiṭeṇam
prēmattin śānti labhicchiṭēṇam

Let Dharma be led by Truth, Let the peace of Love be achieved.

rūpamārūpamāyi tīrnitenam
tinmaye nanmayāyi māttiṭēṇam

Let form become formless, Let vice be changed to virtue.

SADGURU BRAHMA

sad guru brahma sanātana hē
parama dayākara pāvana hē
janmaja dukha vināśana hē
jagadō dhārana kārana hē
śrī rāmakṛṣṇa janārdhana hē
bhava bhaya jaladhī tarana hē

O Perfect Master, the Eternal Absolute Itself. Supremely gracious, all-purifying One, Destroyer of the sorrows of birth, cause of the uplift of the world. O Sri Ramakrishna who is worshipped by the people, Thou takest one across the fear of the waters of Transmigration.

SAKALA KALĀ DĒVATĒ

sakala kalādēvatē sarasvatī dēvī
varamaruḷūyinniviṭe ninte dāsaril
paṇḍitaralla ñangaḷ pāmararāṇallō
paṇḍarī ninte kayyile pāvakaḷ mātram

O Sarasvati, the deity presiding over the Arts, grant a boon to Thy servant today. We are not learned but only ignorant ones. O Goddess of Wisdom, we are only puppets in Thy Hands.

lakṣākṣaraṅgaḷil onnicchirippavaḷ
lakṣaṇamotta viśāla manaskka nī
lakṣyattilettān śramikkuvōrkokkeyum
pakṣāntara millātellām koṭuppavaḷ

O Thou who sits amongst hundreds of thousands of letters, Ideal of Expansiveness for those trying to reach their goal, Thou art the One who gives everything impartially.

ādyāksharaṅgaḷē ñaṅgaḷ kariññitū
ādyamāyi nin kṛpayēkaṇē ñaṅgaḷil
ādiyumantavum ninnil darśippū ñān
ārilum nin kṛpayēkū bhagavatī

We know only the first letter of the alphabet. Therefore, show us Thy Compassion first and immerse us in Thee from beginning to end. O Goddess, show Thy Compassion to all.

ŚAKTI RŪPĒ

śakti rūpē ninte nāmam śravikkumbōḷ
chittam orunmatta bhāvam ēntum
hṛttil puḷakangaḷ taḷiriṭunnū
etrayō ramyam hā ninte rūpam
etrayō ramyam hā ninte rūpam (śakti)

O Thou whose form is Power, while listening to Thy Name, the mind becomes divinely intoxicated, the heart trembles; O how very beautiful is Thy form!

nāmangaḷ ōtunna nāvuvandyam-dhyāna
pūjakaḷum varēṇyam
ninnil layikkunna buddhiya gaṇyamāṇ
alleṅkil janmam vyarttham
bāhya karmangaḷum vṛthāvil (śakti)

Holy is the tongue that utters Thy Name and worthy of attainment are meditation and worship. Invaluable is the intellect that merges in Thee. Without these, this birth and all external actions are but in vain.

ambikē ennu viḷikkunna nāvāl-
asatyaṅgaḷ oṭum eṅkil
ambē paraninda ānandam ēkukil
nāmattāl entu phalam bhakti -
bhāvam kapaṭamallē? (śakti)

O Mother! What is the use of prayers if, with the same tongue that calls upon You, one tells lies and delights in reviling others? Is not this kind of devotion hypocritical?

ninne ninacchu kondanyare drōhicchāl
nin chinta entināṇu?
nin chintayālanya sēva cheytīṭukil
nin sēva entinammā karma -
yōga matāvukillē? (śakti)

What is the use of thinking of You if, while doing so, one hurts others? O Mother, what is the need of serving You if one serves others while thinking of You? Is this not equal to Karma Yoga?

pūjakaḷ arppikkum kaikaḷa śuddhamām
nīcha karmangaḷ cheytāl
pūjāri entinu vyājamāyi māṛunna
pūjayitentin āṇu
kaḷḷakkāṇikkayāvukillē? (śakti)

If one does impure, mean actions with the same hands that offer worship, what is the use of such deceitful worship and the one who does it? Is that not a false offering?

kōvilil eṛe pradakṣiṇam cheytiṭṭā
vātilil ninnukondu
'māṛe'nnōti picchakkārecha viṭṭunna
bhāvam vichitram allē
jñāna yōgam duṣikkukillē? (śakti)

Is it not strange if, after reverentially walking around the temple, one stands at the doorstep and kicks the beggars away? Is this not an abuse of the Path of Knowledge?

bimbam namikkum śirassaham bhāvattāl
engum vinaya mattāl
ambikē sarvatra vyāpta chaitanyamē
dambham nin munnil allē
mada matsaram ninnoṭallē? (śakti)

O Mother, all-pervading Awareness, is it not deceitful to humbly bow one's head to Thee though full of pride? Through self-importance, is not this one actually competing with You?

vyāmōha pātayil mātram alayunna
mānasa moṭṭu nēram
mātā vine smaricchīṭāykil hā! kaṣṭam
mōhattāl śōkam phalam
antya māśayilttanne nūnam (śakti)

O, what a pity that one wanders only in the path of vain desires without remembering Mother even for a moment. The fruit of desire is misery. Surely this one will die in desire.

lōkatti nādhāra māyuḷḷor ammayil
ēkāgramāyha chittam
vēgam viṣayattilōṭi rasicchālu-
mākeya śuddha mākum
rāja yōgam niṣiddhamākum (śakti)

The mind which concentrates on Mother the Substratum of the World, becomes completely impure if it rushes to delight in sense objects. Then Raja Yoga will be forbidden.

arttha manārttha mundākkunna tinentum
martyan bali yarppikkum
karttavya pāśattilāyi bhrāntan pōlē
kṛtyam mannituṇnu
mṛtyu poṭṭicchiricchiṭunnu (śakti)

Man will sacrifice anything for profitable and unprofitable things, binding himself with the noose of obligation. He forgets his duty like a madman and Death bursts out laughing!

chāḷatteruvil śunikaḷ kaṇakkē
alayunnu māyayālē
tāye! nin makkaḷāṇennuṛacchāl
lōka vairuddhyam snēhamākum
dharmam engum ānandam ēkum (śakti)

Like the dogs in the slum streets, man wanders in Maya. O Mother, if one looks upon all as being Your children, the contradictions of the world will be transformed into love and Dharma will bring happiness everywhere.

SAMSĀRA DUḤKHA SAMANAM

samsāra duḥkha samanam - cheyum
anputta lōka jananī!
nin divya hasta taṇṇalāṇ
ennum ennum namukkōrabhayam (samsāra)

O Mother of the World, Dispeller of the sorrows of transmigration, the shelter of Thy blessed Hand is the only refuge for us.

andhatvamārnnu maruvum - jīva-
vṛndattinamba śaraṇam;
āpattilārkkumabhayam - amba
nin pādapatma smaraṇam! (samsāra)

Thou art the refuge of the blind and lost souls. The remembrance of Thy Lotus Feet protects all from danger.

pāram bhramicchu hṛdayam ghōra
timirattilāndu valayum
ī duḥsthitikku śamanam - amba
nin nāma rūpa mananam (samsāra)

For those deluded ones who wallow in the dense darkness, meditation on Thy Name and Form is the only solution for their wretched state.

samdīpta lōlamizhiyālennum
en mānasatteyuzhiyū!
nin pādapatma maṇayān - atu
onnē namukku mārgam! (samsāra)

Cast a glance with Thy beautiful glowing eyes on my mind. O Mother, Thy Grace is the only means for reaching Thy Lotus Feet.

SARVAM BRAHMA MAYAM

sarvam brahma mayam rē rē
sarvam brahma mayam!
kim vachanīyam kimavachanīyam?
kim rachanīyam kimarachanīyam?
sarvam brahma mayam rē rē
sarvam brahma mayam!

All is Brahma, all is Brahma! What is worth saying and what is not worth saying? What is worth writing and what is not worth writing?

kim paṭhanīyam kimapaṭhanīyam
kim bhajanīyam kimabhajanīyam
sarvam brahma mayam rē rē
sarvam brahma mayam!

What is worth learning and what is not worth learning? What is worth praying for and what is not?

kim bhōktavyam kimabhōktavyam
kim bhōddhavyam kimabhōddhavyam
sarvam brahma mayam rē rē
sarvam brahma mayam!

What should be eaten and what not? What is worth teaching and what not?

sarvatra sadā hamsa dhyānam
karttavyam bhō mukti nidānam
sarvam brahma mayam rē rē
sarvam brahma mayam!

Always thy duty is to do deep meditation which will give salvation.

SACHIDĀNANDA GURU

sachidānanda guru jaya guru jaya guru
jaya guru jaya guru sachidānanda guru

Victory to the Guru who is Existence-Awareness-Bliss Absolute.

āchāryēndra jaya guru jaya guru
dakṣiṇāmūrttē jaya guru jaya guru

aguṇa saguṇa guru jaya guru jaya guru
sachidānanda guru jaya guru jaya guru

Hail to Him who is the King among teachers and who is Dakshinamurti (the first Guru). Hail to that Guru who is both without and with attributes.

guru mahārāj guru mahārāj
guru mahārāj guru mahārāj
gurudēva sad guru mahārāj
sachidānanda guru jaya guru jaya guru
patita pāvana guru jaya guru jaya guru
param jyōti param brahma jaya guru jaya guru
āgamadhāraṇa guru jaya guru jaya guru
ajñāna timira nāśī jaya guru jaya guru

Hail to the Guru who is the most pure and who is the Supreme Light and the Absolute Itself. Victory to Him who is the Support of the scriptures and who destroys the darkness of Ignorance.

ŚYĀMA SUNDARA

śyāma sundara madana mōhana rādhē gōpāl
vṛndāvana chandra kṛṣṇa rādhē gōpāl

hē giridhāri hē avatāri rādhē gōpāl
vṛndāvana chandra kṛṣṇa rādhē gōpāl
kṛṣṇā rādhē gōpāl
kanaiyyā rādhē gōpāl

hē vanamāli kuñja vihāri rādhē gōpāl
navanīta chōra nanda kumāra rādhē gōpāl
kṛṣṇā rādhē gōpāl
gōvindā rādhē gōpāl

rādhikalōla vēṇugōpāla rādhē gōpāl
karuṇālavāla chitta chandanā rādhē gōpāl
kṛṣṇā rādhē gōpāl
kanaiyyā rādhē gōpāl

bhakta vatsalā madana gōpāla rādhē gōpāl
muraḷi vāla dīnadayālā rādhē gōpāl
kṛṣṇā rādhē gōpāl
gōvindā rādhē gōpāl

janārdhana madana mōhanā rādhē gōpāl
dayā sāgarā ati sukūmāra rādhē gōpāl
kṛṣṇā rādhē gōpāl
kanaiyyā rādhē gōpāl

sanātana dīna janāvana rādhē gōpāl
pāvanā bhakta ūrachandanā rādhē gōpāl
kṛṣṇā rādhē gōpāl
gōvindā gōpāl

kambukandādhara gōvārdhana dhara rādhē gōpāl
dayā sāgarā ati sukūmāra rādhē gopāl
kṛṣṇā rādhē gōpāl
kanaiyyā rādhē gōpāl

gōpa kumārā gōpi janapriya rādhē gōpāl
gōvardhana dhara gōkula nandana rādhē gōpāl
kṛṣṇā rādhē gōpāl
gōvindā rādhē gōpāl

avatāri	Divine Incarnation
atisukūmara	The most beautiful
bhakta ūrachandana	Cooling like sandal paste to the devotees
bhaktavatsala	Who is fond of the devotees
chitta chandana	Ocean of kindness
dīnadayāla	The Compassionate One
dīnajanāvana	Protector of the grief- stricken
gōkulanandana	Son of Nanda of the village of Gokula
gōpakumāra	Son of a cowherd
gōpijana priya	Beloved of the Gopis or cowherdesses
gōpāl	Protector of the cows
gōvardhanadhara	Holder of the Govardhana Hill
gōvinda	Lord of the cows
hē giridhāri	O the One who held the mountain on His hand
janārdhana	Oppressor of the wicked
kambukandādhāra	Who holds a lotus in His hand
kanaiyya	Darling
karuṇālavāla	The kind one
kunjavihāri	Who plays in the grove of trees
madana mōhana	Enchanter of even Cupid
madana	Like Cupid in His beauty
manavari	One who releases one from the bondage of mind
muraḷivāla	Who plays the flute
nandakumāra	Son of the cowherd Nanda
navanītachōrā	Stealer of butter

pāvana	The Holy One
rādhē	Beloved of Krishna
rādhikalōla	Who has a soft heart towards Radha
sanātana	Eternal
śyāma	Blue-black color
sundara	Beauty
vēṇugōpāla	Who plays the flute
vṛndāvana chandra	The moon of Vrindavan, the sporting ground of Krishna

SĪTA RĀM BOL

sīta rām sīta rām sīta rām bōl
rādhe śyām rādhe śyām rādhe śyām bōl
hari bōl hari bōl hari hari bōl
mukunda mādhava gōvinda bōl

nāma prabhū kā hē sukha dāyī
pāpa katēngē kṣaṇa mēm bhāī
rāma kī mahimā aisē bōl
mukunda mādhava gōvinda bōl

The Name of the Lord is the Bestower of bliss. It will destroy all sins in a moment. Therefore, sing the glory of Rama and sing "Mukunda, Madhava, Govinda!"

sabari ajāmiḷa saba sukha pāyī
nāma bhajan sē muktī pāyī
nāma kī mahimā aisē bōl
mukunda mādhava gōvinda bōl

Devotees like Sabari and Ajamila attained this bliss and finally gained Liberation through the chanting of the Name. Therefore, sing the glory of Ram and sing "Mukunda, Madhava, Govinda!"

bhajarē mana tū kṛṣṇa murārī
naṭana kara giridhara banavārī
kṛṣṇa rasāmṛta jīvita bōl
mukunda mādhava gōvinda bōl

O mind, worship Lord Krishna, foe of the demon Murari, Dancer and Uplifter of the Mountain. Sing about the deeds of Krishna filled with the nectar of sentiment and sing "Mukunda, Madhava, Govinda!"

ŚIVA ŚIVA HARA HARA

śiva śiva hara hara
śiva śiva hara hara
mēghāmbara dhara
ḍamaru sundara hara
śiva śiva hara hara
śiva śiva hara hara

O Auspicious One, Destroyer who is clothed in the clouds, the Beautiful One playing the damaru (small drum).

kara triśūla dhara abhaya suvara dhara
bhasm ānga dhara jaṭā jūṭa dhara
phāla candra dhara dīna nayana dhara
nāga hāra dhara muṇda māla dhara

Who holds the trident in His hands bestowing fearlessness and boons, who wears ash on His limbs and has matted locks, who bears the crescent moon on His forehead, who has eyes full of compassion, wearing cobras as a garland and a necklace of skulls.

śiva śiva hara hara
śiva śiva hara hara
śaṅkarā śiva śankarā śiva

śambhō mahādēva śaṅkarā

O Auspicious One, the Great God.

ŚIVĀYA PARAMEŚVARĀYA

śivāya paramēśvarāya
sasisēkharāya namō ōm
bhavāya guṇasambhavāya
śiva tāndavāya nama ōm

śivāya paramēśvarāya
chandraśēkharāya nama ōm
bhavāya guṇasambhavāya
śiva tāndavāya nama ōm

Prostrations to Shiva, the Supreme Lord, the one having the moon on His head. Prostrations to that Lord who dances the Cosmic Dance and has all good qualities.

SKANDA JANANĪ

skanda jananī saṅkaṭa hariṇī
amṛtānandamayi mama jananī
bhaya hariṇī bhava sāgara tariṇī
amṛtānandam pakarū jananī

Mother of Skanda (Chief of the celestial army), Destroyer of sorrows, my Mother Amritanandamayi. Destroyer of fear, who takes one across the Ocean of Becoming, Please pour forth the Bliss Eternal.

jagajjananī viśva vimōhini
amṛtānandamayi mama jananī
śaraṇam tāye śaṅkaran jāyē
mahāmāyē kāttaruḷvāyē

Thou art the Mother of the Universe, Enchantress of the World, O my Mother Amritanandamayi. Give us refuge, O Consort of Lord Shiva, protect us, O Great Power of Illusion.

aṟiyillammē nin nāvāhanam
aṟiyillamē dhyānavum kriyayum
gatiyāyinnivan ēkāvalambam
jananī nin tiru pāda kamalam

I know not how to invoke Thee, I know not meditation or ceremonies. My only path and goal, O Mother, is Thy Holy Lotus Feet.

SNĒHA SUDHĀMAYI

svētambaram dharicchulla śyamalangi manōhari
sāśvatānandam ēkunna amṛtānandamayī dēvi
sāṣtangam praṇamicchidām sāṣtangam praṇamicchidām

The one wearing white garment, the One whose complexion is dark, who brings joy to the mind, who gives eternal joy, Amritanandamayi Devi, I prostrate to Thee loving Sudhamayi, the One full of Amrita.

snēha sudhāmayī amṛtamayī
prēmasudhā varṣinī dēvī
snēha sudhāmayī amṛtamayī (snēha)

O Goddess of Love and Immortal Bliss, Thou art Divine Love Personified, O Goddess of Love and Immortal Bliss.

mōhana sangīta sammōhinī
hṛdaya sadā nandinī dēvī
hṛdaya sadā nandinī (snēha)

Thou art the Power behind enchanting music ever giving bliss to the heart, ever giving bliss to the heart.

sauhṛdam tuḷumbunna sauparṇṇika yile
saubhaga sangīta saundaryamē
nin mandahāsa prabhā puṣpa śōbhayil
en ātma dīpam koḷuttiṭaṭṭe (snēha)

In the river of Love Thou raisest the waves of divine music and beauty. Thy smile radiates cooling light in which my inner self gets immersed.

uḷkkamalārcchitē chitprabhā sāgarē
ulpalatā puṣpa lōchanē
madhura sudhārasa hṛdaya vilāsinī
mṛdula sudhāvarṣinī dēvī (snēha)

Thou art worshipped within the lotus flower of the Heart, O Thou with eyes like the petals of the blue lotus. Thou sportest in the Heart filled with Immortal Bliss, Personification of softness and immortality.

ŚRĪ CHAKRAM

śrī chakramennoru chakramundu - atil
śrī vidyayennoru dēviyundu
chakra svarūpiṇiyāya dēvī lōka -
chakram tirikkunna śaktiyāṇē (śrī chakram)

There is a mystic wheel named Sri Chakra. In it dwells the Goddess Sri Vidya. That Devi who is of the nature of motion, is the one Power that moves the wheel of the Universe.

simhavāhamēṛi vanniṛangārundē - ā
hamsavāhamēṛi brahmaśaktiyākum
mūrttitrāyatte nayikkum ambē - ninte
mūrttibhēda rūpamallē kārttyāyanī (śrī chakram)

Sometimes She comes riding on a lion, sometimes manifesting as the Power of the Creator mounted on a swan (Saraswati). O Mother who leads and controls the divine Trinity (Brahma, Vishnu and Shiva), is not the Goddess Katyayani yet another of Thy forms?

durita nāśanārtthamitā bhaktajanangaḷ - ninte darśanangaḷ kandu vīṇu vaṇangiṭunnū (śrī chakram)

These devotees pay obeisance to Thy forms, for the alleviation of their miseries.

manuja dēham etra nindyamenna satyam ī māyā magnarām manuṣyarāṛi unnū (śrī chakram)

O Mother, who among human beings captivated by Maya understands the truth that this human body is most despicable?

puli mukaḷilēṛi lasiykkumambē nin pukaḷezhum prabhāvamajñan engane vāzhttum (śrī chakram)

O Mother, who sports riding on a tiger, how can an ignorant one hope to extol Thy most exalted majesty?

ŚRI KṚṢṆA ŚARAṆAM

satchidānanda rupāya viśvōt patyādi hētavē
tāpatraya vināśāya śrī kṛṣṇāya vayam namaha

Prostrations to Sri Krishna Whose nature is Existence-Awareness-Bliss, the Cause of the creation, preservation and dissolution of the Universe, the Destroyer of the three types of suffering.

śrī kṛṣṇa śaraṇam mamā
śrī kṛṣṇa śaraṇam mamā
śrī kṛṣṇa śaraṇam mamā

śrī kṛṣṇa śaraṇam mama

Sri Krishna is my Refuge. Sri Hari is my Refuge.

vamsī vibhūṣita karāt navanītarābhāt
pitāmbarādaruṇa bimba phalā dharōṣṭhāt
purṇṇēndu sundara mukhādaravinda nētrāt
kṛṣṇāt param kimapitatva maham na jānē

I know no Reality other than Sri Krishna whose hand holds the flute, who is beautiful like a fresh raincloud, who wears yellow robes, whose lips are red like an aruna bimba fruit, whose face is charming like the full moon and whose eyes are elongated like lotus petals.

śrī kṛṣṇā nī perentō madhuramurā
nandalāla nī perentō madhuramurā
gōvindā nī pērentō madhuramurā
naṭavaralālā nī pērentō madhuramurā

Sri Krishna, how sweet is Thy Name. O Son of Nanda, how sweet is Thy Name. O Moon of Brindavan, Sri Krishna is the Name dear to Thee. Natavaralala (one who loves to dance) is a Name dear to Thee.

śrī vṛndāvana chandrā
śrī kṛṣṇā nī pērentō madhuramurā
jay rādhē gōvinda
śrī kṛṣṇā nī pērentō madhuramurā (śrī kṛṣṇā)

O Moon of Vrindavana, Sri Krishna is the Name dear to Thee. Victory to Radha Govinda. Victory to Radha Gopal, Govinda, Govinda, Goparipal (Protector of the cows). Sri Krishna, how sweet is Thy Name.

nī nāmāmṛtā enta madhuramurā
cheppalēnurā kṛṣṇā cheppalēnurā kṛṣṇā
ēmi chittamō enta chētinā
dīnarēdinā kṛṣṇā (2) (śrī kṛṣṇā)

I cannot tell how sweet is Thy name. Surprisingly how much I repeat Thy name it is not enough.

śrī kṛṣṇā tērā pyārā nām hē
nandalālā tērā pyārā nām hē
rādhē gōvinda jai rādhē gōpāl
gōvinda gōvinda gōparipāl

Sri Krishna, how sweet is Thy Name. O Son of Nanda, how sweet is Thy Name. Radha, Govinda, Sri Krishna are Names dear to Thee, These Names are dear to Thee. Victory to Radha Govinda. Victory to Radha Gopal, Govinda, Govinda, Goparipal (Protector of the cows).

kōyi kahē vasudēvaki nandana
kōyi kahē nandalālā
yamuna kinārē kṛṣṇa kanaiyyā
muraḷi madhurabhajārē

Some say that Thou art the Son of Vasudeva, Others call Thee the Son of Nanda. On the banks of the Yamuna river the child Krishna plays the flute so sweetly.

śrī kṛṣṇa tēra pyāra nāma hē
natavaralāla tērā pyārā nām hē
munijanapāla tērā pyārā nām hē

Sri Krishna is a Name dear to Thee. Natavaralala (one who loves to dance) is a Name dear to Thee. Munijanapala (Protector of the sages) is a Name dear to Thee.

ŚRI RĀMA NĀMAMU

śrī rāma nāmamu
entōmañchi madhuramu
madhurādi madhuramu
manakaṇde amṛtamu (śrī rāma)

Sri Rama's name is very sweet. It is so sweet like ambrosia, also easily reachable.

tāṭaki mardinchi munulanu
kāpādina nāmamu
ṛāttini nātika mārchina
ramya maina nāmamu (śrī rāma)

Rama killed evil demoness Tataki. He made into a stone a woman. That is the beauty of this name.

ṛāvanādi rākṣasūlanu
vadhiyimchina nāmamu
vāsiga bhadrāchalamuna (śrī rāma)

He killed Ravana and other rakshakas and he is happily staying in Bhadrachala.

ŚRI RĀMA RĀMA NĀMAM

śrī rāma rāmā nāmam janma rakṣaka mantram
japippavarkk ānandam paramānandam
bhajikkuka manamē nī! ninakku sadgati nēṭān
orikkalum maṛakkāte bhajikkuka nī (śrī rāma)

O mind, always chant Rama Mantram which will take one to the Goal of life and which will give Supreme Bliss to one who ever chants It.

eṇṇamatta janmam etra maṇṇitil vṛtha kalaññu?
khinnathaykkorantyaminnum vannatillaho!
janmaminnu dhanyamākum puṇya nāma
mantramōti nirmalatvamayi manassē chinta
cheyyukil (śrī rāma)

Innumerable lives have been spent on this earth but sorrow has not come to an end. By chanting this holy mantra, one becomes pure and the purpose of life will be fulfilled.

śrī raghupati nāmam rāghava (jānaki) śrī rāmam
srita janāśrayarāmam bhaja manamē!
danuja ripu nāmam, vimala hṛdayarāmam,
durita haraṇa nāmam bhajamanamē! (śrī rāma)

O mind, worship that Rama who is Raghava and who is the Refuge of those who take refuge in Him. Worship that Rama who is the enemy of demons, who is pure in heart and whose Name removes all miseries.

ŚRI RĀMACHANDRA

śrī rāmachandra - raghu rāmachandra
prabhu rāmachandra bhagavān!
śrī dhanya dhanya sītābhirāma
sukritātma rūpa rāma! (śrī rāma)

O Sri Ramachandra, Thou of Raghu's dynasty, Lord Ramachandra, O God, the blessed and auspicious Beloved of Sita, whose Form is the very soul of the pious.

hē jānakī ramaṇa rāghavā
vimala vīra sūryakula jātā
hē rāma rāma raghuvīra rāma
karuṇardra nētra rāmā!

śrī rāma rāma jaya rāma rāma
jaya rāma rāma jaya rāma (śrī rāma)

O Delighter of Sita (Janaki), taintless One who was born in the dynasty of the Sun and glorified for His strength and bravery, O Rama, with eyes moistened by compassion. Lord Rama, Rama, Rama, victory to Rama, Rama, victory to Rama.

hē mauktikā bharaṇa bhūshita -bhuvana
saundaryātma rāma

ānandarūpa - nigamāntasāra
nikhilātmarūpa rāma

śrī rāma rāma jaya rāma rāma
jaya rāma rāma jaya rāma (śrī rāma)

O Rama who wears ornaments of pearl, who is the Jewel of the world, Bliss Incarnate, the Quintessence of the Upanishads, the integral form of all souls.

Lord Rama, Rama, Rama, victory to Rama, Rama, victory to Rama.

ŚRI VINĀYAKA

śrī vināyaka guha jananī amba
śrīmkārārcchita pañchadaśākṣari

O Mother of Ganesha and Subrahmanium, Who art worshipped by the 15 syllable mantra.

hrīm kāriṇi himagiri nandinī
hīrāñchita vibhūṣaṇāngī
māhēśvarī mahiṣavināśinī
mām pālaya pālaya varadē

O Thou art worshipped with the sound 'Hrim', who art the daughter of the Himalaya Mountain, whose limbs are decorated with diamonds, O Great Goddess, Destroyer of the demon Mahisha, O Giver of boons, please protect me, protect me!

mōdānvitē dama śama dāyinī
nādāṅkurē naḷina nivāśini
nītān mama śōkavināśini
pādāmbujē layamaruḷuka tāyē

O Blissful One who bestows control of mind and senses, who art born of Sound, who dwells in the lotus, only Thou art the destroyer of my sorrows. O Mother. Please bless me to merge in Thy Lotus Feet.

SṚṢTIYUM NĪYE

sṛṣtiyum nīyē sṛṣtāvum nīyē
śaktiyum nīyē satyavum (or nityavym) nīye
dēvī dēvī dēvī

Creation and Creator art Thou, Thou art Energy and Truth. O Goddess, O Goddess, O Goddess!

aṇḍa kaṭāha vidhātāvum nīyē
ādiyu mantavum, nīyē (sṛṣtiyum)

Creatress of the Cosmos art Thou, and Thou art the beginning and end.

paramāṇu chaitanyapporūḷūm nīyē
pañcha bhūtangaḷum nīyē (sṛṣtiyum)

The Essence of the individual soul art Thou, and Thou art the five elements as well.

SUNDARĪ NĪ VĀYŌ

sundarī nī vāyō
purandarī nī vāyo
śaṅkarī nī vāyo
nirantarī nī vāyo

Please come, O Beautiful One. Consort of Shiva, please come. O Auspicious One, please come. Please come, O Endless One.

skandan tantaykku vāmākṣi nī ennum
kānti pūratte chintum kāmākṣi nī
bandhuvāyi kāṇmōrkku svantam nīyē - en
chintaykku muṛavāyī ninnīṭammā (sundarī)

O Vamakshi, Consort of Lord Shiva, O Kamakshi who radiates brilliance everywhere, to those who look upon Thee as their dear Relation, Thou art their very own. O Mother, please remain as the spring of my inspiration.

onnāyi palatāyi arūpavu māyi
ninnālum jyōtirmayī brahmam nīyē
nannāyen uḷḷam nī aṛiyillayō
chonnālum munnil nī varukillayō? (sundarī)

Being both of one and of many forms, Thou art the Light of the Absolute. Knowest Thou not my heart well? Won't Thou come before me even though I ask?

SVĀGATAM KṚṢṆA

svāgatam kṛṣṇā śaranāgatam kṛṣṇā
madhurāpuri sadana mṛdu vadanā madhusūdanā
(svāgatam)

bhōga dāpta sulabha supuṣpa gandha kaḷabhā
kastūri tilaka mahibhā
mama kandā nanda gōpa kandā (svāgatam)

musṭīkāsura chāṇūra malla
malla viśārada kuvalayā pīḍha
narttana kāḷiya mardana gōkula rakṣaṇa
sakala sulakṣana dēvā

siṣṭa janapāla saṅkalppa kalppa
kalppa śata kōṭi asama barābhava
dhīrā munī jana vihārā kṛṣṇa
dhīrā munī jana vihārā
madana sukumārā daitya samhāra dēvā

madhura madhura rati sāhasa sāhasa
vraja yuvatī jana mānasa pūjita

sa da pa ga ri pa gari sadhasa
tiddhittikajanu taddittakajanu ta ttakayanu
tarikiṭagugu tanakiṭa taka dhim (3) (svāgatam)

TAVA SANNIDHĀNATTIL

tava sannidhānattil manatārarppicchu
tapassucheyyunnu ñān aniśamammē
anaśvara rūpiṇī! samastalōkēśvarī!
anugrahikkuka enne nī ammē
anugrahikkuka enne nī! (tava)

Day and night I am doing penance, my mind surrendered at Thy Feet. O Goddess Eternal, Goddess of all the worlds, bless me, O Mother, bless me.

surajana paripūjita nī dīna jana-
mānasattinu taṇ alum nī
tiru nāmabhajanam cheytuṇarum śuddha-
hṛdayattil niṛajñānam nī
mama jananī jaya jananī
jaya jaya jananī jaya jaya jananī (tava)

Thou art the One worshipped by the gods as well as the Shelter for distressed hearts. In the hearts awakened and purified by the singing of Thy praises, Thou rise as the Knowledge Supreme. Victory to Mother. Victory to my Mother, Victory to the Mother of the Universe!

nigamāgamam pāṭum poruḷ nī nityam
munijanamtēṭum nidhi nī
praṇavāvarttanattinte laya nilayam nī
manavachassoṭuṅgunnōriṭavum nī
mama jananī jaya jananī
jaya jaya jananī jaya jaya jananī (tava)

Thou art the Truth that the Vedas and Sastras sing of and the Treasure ever sought by ascetics. It is in Thee that the vibration of OM dissolves, speech and mind lose themselves in Thee. Oh my Mother. Victory to Mother, Victory to Mother. Victory to the Mother of the Universe!

TĀYĒ TAVA TANAYARIL

tāyē tava tanayaril
kāruṇyamēlāykayāl
tāpam hṛdi vaḷarunnu
kāruṇyarūpānganē

O ever youthful Mother, because Thou are not showering mercy on Thy children, grief is intensifying in their hearts.

mēgham kēṛi divākara prabhaye
mūṭum kaṇakkenna pōl
mōhattil vīṇāzhān
viṭallē kāruṇya rūpāṅganē

O ever youthful Mother, allow me not to fail and sink down due to delusion like the sun that gets covered by clouds.

tārum nīrum taruvum
akhila jīvajālaṅgaḷum
nin māyayennaṟiyunnu
ñān kāruṇya rūpāṅganē

O ever youthful One, I know that flowers, water, trees and all living beings are Thy Maya.

ULAKATTINĀDHĀRA

ulakattinādhārapporuḷ nīyamma
guṇa miyalunna nayanattinoḷi nīyamma

O Mother, Thou art the Essence of the Substratum of the world. O Mother, Thou art the Light of virtuous eyes.

takarunna hṛdayattin abhayam amma
aṟivinnum uṟavāyoraṟivum amma - ellām aṟi

For breaking hearts Thou art the Refuge, O Mother. The Wisdom that is the Source of all knowledge art Thou, O Mother.

aruḷīṭuvatinuḷḷa takhilum nīyē
akhilarkkum abhayam nin padatār amma

Give me all that is needed for that (Wisdom). Thy Feet are the Refuge for all.

kanivinnu kanivāya karuṇānidhē
tellukṛpayenni laruḷīṭu kṛpāyambudhē

O Source of all mercy and Treasure of compassion, grant a bit of Thy compassion to me.

UTTAMA PRĒMATTIN

uttama prēmattin paryāyamāyiṭum
śāśvatasnēha pradānamuttē

pāvana vātsalyam ēkunna pāvanī
pādattil kaṇṇīrāl archi chīṭām

Thou art the Embodiment of the Highest Love, O Giver of Eternal Love. O Pure One who gives pure affection, I worship Thy Feet with my tears.

bhāvana kappuṟamengō vilasunna
satya svarūpattin tēn mozhikaḷ
karṇṇa manōharamā vachanangaḷāḷ
kātum hṛdayavum śāntamāyi

Hearing the nectarean, joy giving words of the Embodiment of Truth who abides beyond where thought can reach, my heart, eyes and ears have become tranquil and quiet.

ā kṛpa varṇṇippān āvatil ārkkumē
ā snēham vākkal paṟavatalla
ā prēmam engane ñān uracchīṭuvān
kaṇṇīrāl vīndum namicchīṭunnēn

That love can be described by none. It is beyond words. Then how can I hope to speak about it? I can only bow down again and again with tears in my eyes.

UYIRĀYI OḶIYĀYI

uyirāyi oḷiyāyi ulakattin muraṭāyi
urapoṅgum umayē nī eviṭē?
kāttāyi kaṭalāyi kanalāyi nilkkum
en kalayē nin kanivennil illē? (uyirāyi)

O Goddess Uma, where art Thou Who art said to be the life, light and firmness of the earth? O artful One Who exists as wind, sea and fire, have Thou no mercy on me?

aṟivellām akalunnu piṟavippōl tuṭarunnu
maṟivellām uṟavākunnū
kuṟavellām tikayunnu tikavutta nīyenyē
maṟayellām maṟavākunnū (uyirāyi)

All wisdom has fled to a distance and repeated births continue. Unreality has become reality and all defects are increasing in the absence of Thee who art the Real Knowledge concealed.

rudhirāsthi māmsattāl paritāpa durgandha-
ppuriye samrakṣikkunnū
purivāṭilppuṟam ellām paripāvanam ākkunnu
puri nāthane aṟiyunnilla! (uyirāyi)

Thou art protecting this pitiful city (the body) stinking with blood, bone and flesh. We clean the surface of the body alone knowing not its Lord.

manamākum vānaran madamenna kaniyumāyi
ninavillātuzhaṟīṭunnū?
tan rūpam ninayāte kālattin kanivil nām
kālannūṇāyi māṟunnū! (uyirāyi)

The monkey of the mind wanders ceaselessly holding in its hand the fruit of conceit. Reflecting not on its Real Nature it becomes food for the God of Death.

VANDĒ NANDAKUMĀRAM

vandē vandē nanda kumāram
nanda kumāram navanīta chōram
vandē vandē rādhika lōlam
gōpī chitta vihāram, vandē

I salute the Son of Nanda, Stealer of butter, Delighter of Radha, who resides in the minds of the Gopis!

vandē vandē nanda kumāram
śrīdhara ṇīśam jagadā dhāram
bhava bhaya dūram bhakta mandāram
vandē vandē rādhika lōlam
gōpī chitta vihāram

I salute again and again the Lord who bears the Goddess Lakshmi on His chest, who is the Substratum of the world, Dispeller of the fear of transmigration, Flower of the devotees heart, Delighter of Radha who resides in the minds of the Gopis!

vandē vandē nanda kumāram
vēṇu vinōdam vēda susāram
karuṇālōlam kāñchana chēlam

kamanīya gātram kamsa samhāram
yamunā tīra vihāram vandē
yamunā tīra vihāram

I salute the One Who plays the flute, Essence of the Vedas, who delights in showing compassion, who wears golden color robes, of beautiful Form, Slayer of Kamsa who resides on the banks of the Yamuna River!

vṛndāvana sañchāram vṛndāvana sañchāram
vandē vandē nanda kumāram
vandē vandē rādhikalōlam

I salute that One who moves about Vrindavan, the Son of Nanda, Delighter of Radha!

muni jana pālam mōhana rūpam
muraḷīlōlam madana gōpālam
yamunā tīra vihāram vandē
vṛndāvana sañchāram vandē

Salutations to the Protector of the sages, of enchanting form, Lover of the flute, beautiful cowherd Boy who stays on the banks of the Yamuna and moves about Vrindavan!

VANDIKKUNNĒN

vandikkunnēn ammē ennil nṛittamāṭuvān
vandanīyaprabhē vannaṭi paṇīyunnēn

In order that Thou should dance within me, O Mother, O Adorable One, I bow and surrender to Thee.

jīvātmikayāyi ninnu jīvippikkum śaktiye
nī veṭiññu pōyāl niśchalam akhilavum (vandi)

Existing as the Power of Life within the individual soul, if Thou should leave, all would become still.

parayām śakti vā vā paripūrṇṇānandātmikē
paramajyōtissē vā piriyātennil ninnum (vandi)

O Universal energy, the Self of Perfect Bliss, come, come. O Supreme Light, remain never abandoning me.

jñānakkaṭalē vā vā nānā sṛṣṭikāraṇē
akhilādhāra murttē aḷavillātta sattē (vandi)

Come, come, O Ocean of Knowledge, the Cause of the Diverse Creation, Embodiment of the Substratum of the Universe, Measureless Essence.

aṇuvilumaṇuvē vā vā akhila vyāpta vastuvē
āyira daḷapadmattil āvāsē nī vā vā (vandi)

O Thou Atom of atoms, Who pervades the Universe, Dweller in the Thousand-petalled Lotus, come, come.

kōṭi divākara śōbhē en taṭiyil vāzhum ambikē
aṭiyanaviṭe layīkkuvān amma tanne āśrayam
(vandi)

Whose brilliance equals millions of suns, Dweller within myself, that Mother alone is the only hope for getting merged in Her.

amṛita jyōtirmayamē ānandābdhē ninnil
mānasamaniśam līnamākān tuṇaykkaṇam (vandi)

O Ambrosial Light, Ocean of Bliss, may my mind merge in Thee forever.

nirmalamē nirguṇamē anudinam namiykkunnu
dīnadayālō ente dīnatayakattuka (vandi)

O pure and qualityless Being, I bow to Thee again and again. Compassionate to the afflicted, rid me of my distress.

aṛivinnaṛivē sattē abhayapradamē śivē
aṛiyān aṛivillammē kuṇḍalinī śaktī (vandi)

O Knowledge of knowledge, Essence, Shive (Consort of Shiva), giver of shelter, O Mother, Kundalini Shakti, I have not even the knowledge to know.

śaṅkakaḷakattān śaṅkarī nīyettaṇam
pēyākkolla enne māyike nīye gati (vandi)

O Sankari, Thou must come to remove my doubts. May I not have the fate of a madman, O Maya.

VANNĀLUM AMBIKĒ

vannālum ambikē tāyē manōharī
tannālum tāvaka darśanatte
sañchita saubhagamen chittapatmattil
nin chārurūpam viḷaṅgiṭaṭṭe (vannālum)

Come, O Mother, Who art the Enchantress of the mind. give me, O Ambika, Thy Vision. Let Thy Form shine in the lotus of my heart.

ennuḷḷil bhaktiye chemmeyuṇartunna
dhanyām ponnuṣassenudikkum
nāmam japicchu samtṛptayāyennu ñān
ānanda bāṣpa vilōlayākum (vannālum)

When will dawn that blessed day when my heart will become full of devotion to Thee? Satiated with the repetition of Thy Name, when will blissful tears flow from my eyes?

māmaka chittam ātmāvum viśuddhamāyi
mevunna nāḷennu vannuchērum
mānavum māmūlum lajjayum klēśavum
ñān upēkṣikkunna nāḷ varumō (vannālum)

When will that day dawn when my mind and soul will become pure? Then vain pride, possessiveness, bashfulness and affliction will be relinquished.

bhaktiyākum madhumottikkuṭichu ñān
chikkennu prēmattāl mattayākum
poṭṭicchiricchu ñān ānanda magnayāyi
peṭṭennu kaṇṇīru vannukezhum (vannālum)

When will I drink the nectar of devotion and becoming intoxicated, laugh and cry immersed in bliss lost in Thee?

VARAḶUNNA HṚDAYATTIL

varaḷunna hṛdayattil kuḷirmazha peyyuvān
varanda jīvitam vaḷamākki māttuvān
vannīṭukammē ponnambikē
vandikkunnu ñān varumō varumō?
ennarikil nī varumō?

O Mother, pour forth cool rain on my parched heart that my dry life may blossom. Come, my dear Mother, come. I bow down to Thee. Will Thou come, will Thou come near me?

innu varum, amma innu varum ennum
āśayōṭe mantricchen hṛdayam
illa, ōmalē illa ñān ninnil nin-
oru nāḷum akannu pōkayilla

"Mother will come today, yes, Mother will come today!" Thus my heart hopefully chants like a mantra. "No, my darling, no. I will never go away from you."

VASUDĒVA PUTRANĒ VĀ

vasudēva putranē vā nīla varnna nē vā
ī hṛdayattine kūriruḷ nīnguvān
nī kaniyaṇamē dēvā
nī kaniyaṇamē

O Son of Vasudeva, blue-colored One, please come. Please bless me by dispelling the darkness of this heart.

amma dēvakiyē kāttu koḷḷaṇamē
uṇṇi kṛṣṇane manninu nalkiya
puṇya mārnnavaḷē dēvī
puṇya marnnavaḷē

O Mother Devaki, please protect me, O holy Devi who has given birth to Baby Krishna for the sake of the world.

ēzhakaḷkkulakil ennum āśrayamē
ētu kuttavum nī poṛuttu
ñangaḷil prīti koḷḷaṇamē
dēvā prīti koḷḷaṇamē

O Holy One, Who art always the Support for Thy suppli-cants in this world, forgiving any errors, be pleased with us, Lord, be pleased with us.

VĒDĀMBIKĒ

vēdāmbikē namō nādāmbikē
vandē surasaṅghasēvyapādam

O Mother of the Vedas, O Mother of Sounds, I bow to Thee. I bow to Thy Feet which are adored by the Gods.

kāmapradam kamalābhapradam
kadanāzhikaṭattuken rāgapriyē

Bestowing love, bestowing the radiance of the lotus, O Lover of music, take me across this ocean of misery

vidyē śivē sarvalōkahitē
madahatyē jaya bhava nāśakartrī

O Goddess of Wisdom, O Parvati Who does good to all the world, Destroyer of pride and rebirth, be victorious.

māyāmayam manamārāl gatam - mama
ālambanam tava pādāmbujam

Thou Who art full of Maya, by whom the mind exists, Thy Lotus Feet are my support.

prāṇikaḷkkokkeyum prāṇan ammā
kāryattinokkeyum kāraṇam ammā

Mother is the Life of all creatures. Mother is the Cause of all things.

ghōra samsāra makattiṭeṇam
dīnanām ennē nī kattiṭeṇam

Deign to rid me of this terrible cycle of birth and death. Protect this miserable one.

muktidē muktidē hastē namō
śaktē namastē mahāprabhāvē

Bowing to Thee with joined palms, I pray, give me Liberation. O Powerful One, Great Radiance, I bow to Thee.

VEDĀNTA VĒNAL

vēdānta vēnalilūṭe
oru nādānta pānthanalaññāl
nī tān tuṇaykkum avane enna
gītārttham ippōzh eviṭē? (vēdanta)

Now where is the truth of the Gita that proclaims that Thou wilt help a traveller to Brahman through the summer of Vedanta?

śāntātmanā pada prāptikkayi
kāntārasāmyapathattilkkūṭi
nīntān tuṭaṅgi ennālum
chīntunnū chittam vyathayāl (vēdanta)

Even though I am swimming through the forest-like way with a peaceful soul, for the attainment of Thy Feet, my mind is filled with sorrow.

entinō vēndi hṛdantam sadā-
venturukunnārtta bandhō
chinta ninakkitilillē ente
santāpamokkeyum māttān (vēdanta)

O Friend of the miserable, my heart is always burning for something, I know not what. Haven't Thou the mind to remove all of my sorrows?

ammē bhagavatī dēvī ninte
chinmōhana svarūpattil
vannulayikkāte śāntiyil-
ēnammē aṛiyunnatillē? (vēdanta)

O Mother, O Bhagavati Devi, aren't Thou knowing that without merging in Thy mind-enchanting Being, there is no peace?

VINĀYAKA VINĀYAKA

vināyaka vināyaka
viśvādhāra vināyaka
siddhi vināyaka bhava bhaya nāśa
suramuni vandita śrī gaṇēṣa

vināyaka	Destroyer of obstacles
viśvādhāra	The Substratum of the Universe
siddhi vināyaka	Who accomplishes
bhavabhayanāśa	Destroyer of the fear of Becoming
suramuni vandita	Who is bowed down to by gods and sages

VINAYA MĀNASAM

vinaya mānasam vṛatha pūndu taḷarān
vidhi vanna katha entahō! - jananī!
chirakāla saṅkalppam viphalamāyi pōkayō
mama janma vidhi pālinī jananī jananī!
tarumō nin pada darśanam (vinaya)

O Mother, what may be the reason that this humble heart of mine has been destined to languish under extreme grief? O Mother, Dispenser of my fate, will my long standing hopes finally prove in vain? Shall Thou not bless me with the darshan of Thy adorable Feet?

veṛumoru kaṭalāsu pūvupōlenne nī
veṭiyunnō veyilēttu taḷarunnu ñān
azhakilla, niṛamilla, maṇamilla eṇkilum
vinayattin azhivillahō! nin pāda-
smaraṇāyi korazhi villahō! (vinaya)

Art Thou forsaking me as a lifeless paper flower that is languishing under the heat of the sun? Though without beauty, color or fragrance, this flower is ever steady in its humility and the continued adoration of Thy Feet.

charitārtthanākaṭṭe! ñan nin tirusnēha-
parilāḷa nāsvādanattāl
charaṇāra vindattin taṇalāṇ enikkennum
śaraṇam sadānandasindhō! jananī!
mama janma sandāna sindhō! (vinaya)

Mother, may I be blessed with the enjoyment of the caresses of Thy noble love. O Mother, the Ocean of Immortal Bliss, the shelter of Thy Lotus Feet is my refuge for all times. O Mother, Support of my life!

VIŚVA VIMŌHINĪ

viśva vimōhinī anaśvara rūpiṇī
śāśvatānandam nalkû śakti rūpinī

O Enchantress of the Universe, Indestructible One, grant us the Eternal Bliss, O Thou Whose Form is Energy.

kaliyuga kalmaṣama kalānāyi
kāraṇa vastu vilaṇayānāyi
kāminī kāñchana bhōgā śakti-
kaḷakalekkaḷayū marttyā! (viśva vimōhinī)

O mankind! Throwing away lust, greed and the desire for enjoyment, be rid of the sins of the Kali Yuga and unite with the Supreme Cause.

mahatvamēṛum māna vajanmam-
iteṭuttatentinu nammaḷ?
aṭutta janmam atilātāyi
viśuddha vastuvilettān

taṭuttiṭū nī mānasa bhikṣuve
pañcha gṛhangaḷil ninnu (viśva vimōhinī)

For what have we taken this noble human birth? In order to reach the Pure Being and avoid another birth, prevent the wandering mendicant of the mind from entering the house of five elements.

rāvum pakalum itorupol layicha rāmakrishna
deva vedānta sāgara tirakaluyarttiya viśva
kesariyē
pavitra pāvana māmā pātayi livare nayikkyaname

O Lord Ramakrishna who is immersed in That day and night, O Light of the Universe who raised the waves of the Ocean of Vedanta, deign to lead these people along the holy and purifying path.

pala matasāravum onnennōtiya paramasadguruvē
paramārtthaṅgaḷeyaṛiyā tuzhalunnivarkku
trāṇitarū
pavitra pāvana māmā pātayi livare nayikkaṇamē

O Supreme Sadguru who told that the Essence of all religions is the same, strengthen those who wander, not knowing the Truth. Deign to lead them along the holy and purifying path.

VIŚVAVIMŌHINIYĒ

viśvavimōhiniyē mahēśvari
ammē namō namastē
śāmbhavī śōkanāśē pādangaḷil
nityavum kumbiṭunnen

Oh Enchantress of the Universe! Great Goddess, I bow to Thee. I will bow ever at the Feet of the One who destroys the sorrows.

kāḷamēghatte vellum niṟa
mēlum kāḷī manōharāmgī
nāḷīkalōcchanē nin gaḷattile
mālayitentukondu?

Your black color surpasses the back color of the clouds. Your eyes are like the flower petals. Why then do You wear that garland around your neck?

puṣpangaḷ alla raktam
vamikkunna vaktrangaḷallēyatu?
śilppikaḷāru tīrttū manōhara
mugratayārnna māla!

Your garland is not made of flowers but of skulls oozing blood. Which sculptor was it who made that very beautiful garland?

āravamōṭaṭutta dārikane
pārāte konnōr ammē?
chōrakkaḷattilaṭan rasamēṟān
kāraṇam chōlliṭāmō?

Oh Mother, who killed the arrogant Darika, tell me Oh Mother why do You love to dance in the pool of blood?

mallare velluvānāy
āyudham ēttam karattilundu
chollu chollagniyentē
nētrangaḷilujjvali pichhiṭunnu?

To conquer the giants You have a weapon in Your hand. Please tell, tell me why is there such a fire in Your eyes?

āṭunna pānpaṇiyān ammaykk
ēttamāhlādam entu kondu?
ābharaṇangaḷ ētum
dharichiṭṭum ārtti naśicchatillē?

Why are You elated to wear a live snake around Your neck? Was Your desire for ornaments not satiated by all Your other ornaments?

YĀDAVANĒ

yādavanē mana mōhananē
ātma nāyakanē vēṇugāyakanē
gōpī vallabhanē śyāma sundaranē
gōpa bālakanē gīta nāyakanē

kṛṣṇa harē jaya kṛṣṇa harē
muraḷi manōhara kṛṣṇa harē
kṛṣṇa harē jaya kṛṣṇa harē
rādhā mādhava kṛṣṇa harē

yādava	One who is born in Yadu's clan
manamōhana	One who attracts the mind
ātma nāyakan	Protector
vēṇugāyakan	Player of the flute
gōpivallabhan	Beloved of the Gopis
śyāmasundara	Dark complexioned beautiful One
gōpabālan	Cowherd boy
gītanayakan	Propounder of the Bhagavad Gita
murali	Who plays the flute
harē	Lord Vishnu
rādhā	Sri Krishna's Beloved
mādhava	Goddess Lakshmi's Consort

YAŚŌDA KĒ BĀLĀ

yaśōdā kē bālā yadukula nāthā
dvāraka vāsī śrī kṛṣṇā

nanda nandanā navanīta chōrā
rādhāvilōlā śrī kṛṣṇā
dīnā nāthā bālagōpālā
nirupama sundara śrī kṛṣṇā

harē rāma harē rāma rāma rāma harē harē
harē kṛṣṇa harē kṛṣṇa
kṛṣṇa kṛṣṇa harē harē

yaśōda kē bālā	The Child of Yasoda
yadukula nātha	The Lord of the Yadava clan
dvārakavāsi	Who dwells in Dvaraka
nandanandanā	The Son of Nanda
navanītachōrā	One who is fond of butter
rādhāvilōla	The playmate of Radha
dīnanāthā	Lord of the downtrodden
nirupama sundara	One whose beauty is incomparable

Ślokas and mantras

kāyena vāchā manas endriyair vā
buddhyātma nā vā prakritehe svabhāvāt
karomi yadyad sakalam parasmai
nārayanāyeti samarpayāmi

I dedicate to that Supreme Lord Narayana whatever I perform with my body, speech, mind, limbs, intellect Or my inner self either intentionally or unintentionally.

gurur brahmā gurur viṣṇuḥ
gurur dēvō mahēśvaraḥ
guruḥ sākśāt parambrahma
tasmai śrī guravē namaḥ

The Guru is the Lord Brahma, Vishnu and Siva. Guru is the Supreme Absolute Itself. My obeisance to the blessed Guru!

oṁ saha nāvavatu saha nau bhunaktu
saha vīryam kara vāvahai
tējasvi nāva dhītamastu
mā vidviṣā vahai
ōm śāntiḥ śāntiḥ śāntiḥ

OM Lord, protect us as one, Nourish us Lord, as one. Let us flourish in Thy strength as one. Let our knowledge, O Lord, be changed to Light and Change our hate to love. OM Peace, peace,peace.

ōṁ asatö mā sad gamaya
tamasō mā jyōtir gamaya
mrityōr mā amṛtam gamaya
ōm śāntiḥ śāntiḥ śāntiḥ

Lead us from untruth to Truth; From darkness to Light; From death to Immortality.

ōm lōkaḥ samastaḥ sukhinō bhavantū
ōm śāntiḥ śāntiḥ śāntiḥ

May all the beings in all the worlds be come happy. Om peace, peace, peace.

ōm sarvēṣām svastir bhavatu
sarvēṣām śāntir bhavatu
sarvēṣām pūrṇam bhavatu
sarvēṣām maṅgalam bhavatu
ōm śāntiḥ śāntiḥ śāntiḥ

May perfection prevail on all; May peace prevail on all; May contentment prevail on all; May auspiciousness prevail on all.

ōṁ pūrnam adaḥ pūrnam idam
pūrnāt pūrnam udacyate
pūrnasya pūrnam ādāya
pūrnam ēvā vasiṣyatē
ōṁ śāntiḥ śāntiḥ śāntiḥ

That is the Whole, this is the Whole; From the Whole, the Whole arises; Taking away the Whole from the Whole, The Whole remains.

ōm śrī gurubhyō namaḥ
hariḥ om

Index of Bhajans Volume 1

Abhayam abhayam ammā	I-6
Ādi parāśaktī	I-6
Ādi purūṣa	I-7
Ādiyil paramēṣvariyē	I-8
Āgamāntapporuḷe	I-9
Āgatanāyi	I-11
Ājīvanāntam	I-11
Akalattā kōvilil	I-12
Akale akale	I-13
Atbhuta charitrē	I-15
Ambā bhavāni jaya	I-16
Ambā bhavāni śāradē	I-16
Ambā mātā	I-17
Ambā sahita	I-17
Ambikē dēvi	I-18
Ambikē jagadambikē	I-19
Amma amma tāyē	I-20
Amma nin rūpam	I-21
Ammatan nāmam	I-22
Ammayallē entammayallē	I-24
Ammayennuḷḷorā	I-25
Ammayennuḷḷoru	I-26
Ammayil mānasam	I-27
Ammē bhagavatī	I-28
Ammē bhagavatī kālimāte	I-31
Ammēkaṇṇu turakkūlē	I-32
Ammē uḷakam	I-33
Amṛtānanda svarūpa	I-34
Amṛtānandamayī	I-35
Ānandamayī	I-36
Ānandāmṛta rūpini	I-37

Anantamām ī lōkattil	I-39
Angallāti	I-40
Anupama guna nilaye	I-40
Ārati	I-41
Arikil undeṅkilum	I-43
Āzhikullil	I-44
Āruṭe makkaḷ ñangaḷ	I-44
Aruṇa niṛakkati	I-45
Ārundu cholluvān	I-46
Ātma rāma	I-47
Atulyatayuṭe	I-48
Āyiyē guru maharāni	I-49
Bandham illa	I-50
Bhagavāne	I-51
Bhajamana rām	I-52
Bhaktavatsalē dēvī	I-52
Bhramaramē	I-56
Bōlō bōlō	I-57
Brahmāṇḍa pakṣhikal	I-58
Chāmuṇḍayē kāli mā	I-59
Chandraśēkarāya namaḥ ōm	I-59
Chilanka keṭṭi	I-60
Chitta chōra	I-61
Chitta vṛndāvanam	I-61
Darśan dēna rāma	I-64
Daśaratha nandana rāma	I-64
Dayā karo mātā	I-65
Dēvī bhagavatiī	I-65
Dēvi dēvi dēvi jaganmōhinī	I-66
Dēvi jaganmāta	I-67
Dēvi mahēśvariyē	I-67
Dēvi śaraṇam	I-69
Dhanya dhanyē	I-72
Dhimiki dhimiki	I-74

Durgā bhavāni mā	I-74
Durgē durgē	I-74
Ellām aṟiyunna	I-75
En mahādēvi lōkēśi	I-76
En manassin oru maunam	I-77
Ennuṭe jīvita	I-78
Entammē nin makkaḷē	I-79
Ente kaṇṇunīr	I-80
Etrayō nāḷāyi	I-81
Gajānanā	I-82
Gangādharā hara	I-83
Ghana śyāma sundara	I-84
Giridhāri jai giridhāri	I-85
Gōpāla gōvinda	I-85
Gōpāla kṛṣṇā	I-89
Gōpī vallabha	I-90
Gōvardhana giridhāri	I-91
Govardhanagiri kuṭayākkī	I-92
Gōvinda kṛṣṇa jai	I-93
Gōvinda nārāyaṇa	I-93
Hamsa vāhina dēvī	I-94
Harē kēśava gōvinda	I-94
Harē murārē	I-96
Hariyuṭe kālil	I-96
Hē amba	I-98
Hē giridhara gōpālā	I-98
Hē mādhava yadu nandana	I-99
Hṛdaya nivāsini	I-100
Hṛdayapuṣpamē	I-102
Hrīm kāḷi	I-103
Ichchāmāyi	I-104
Iṭamillā	I-105
Īnī oru janmam	I-106
Īśvarī jagadīśvarī	I-107

Jagadīśvari dayā karō	I-109
Jai ambē	I-109
Jai jai jai gaṇa nāyaka	I-110
Jai jai rāmakṛṣṇa	I-110
Jai rādhā mādhava	I-111
Jaya jaya ārati	I-111
Jaya jaya dēvī	I-112
Jaya ōm śrī mātā	I-114
Jaya rāma jānaki rāma	I-115
Kaitozhunnen kṛṣṇa	I-115
Kāliṇa kāṇān (nārāyaṇā harē)	I-116
Kāmēśa vāmākṣi kāmadē	I-117
Kanivin poruḷē	I-119
Kannaṭachālum	I-120
Kaṇṇane kāṇān	I-121
Kaṇṇā nī enne	I-122
Kaṇṇante kāloccha	I-123
Kaṇṇileṅkilum	I-124
Kaṇṇunīr illātta	I-125
Kaṇṇunīrkondu	I-125
Karāravindēna	I-126
Karimukil varṇṇan	I-127
Karuna nīr kaṭale	I-128
Karuṇālayē dēvi	I-129
Karuṇa tankaṭamizhi	I-130
Kāruṇya murttē	I-131
Kāruṇya vāridhe	I-132
Kastūri tilakam	I-133
Kātinnu kātāyi	I-133
Kaṭutta śokamām	I-135
Kāyā pīya	I-137
Kezhunnen mānasam ammā	I-138
Keśava nārāyaṇa	I-139
Kōṭānu kōṭi	I-140

Kṛṣṇa kanaiyya	I-141
Kṛṣṇa kṛṣṇa mukunda	I-141
Kṛṣṇa kṛṣṇa rādhā	I-143
Kṛṣṇa mukunda	I-143
Kumbhōdara varadā	I-143
Lambōdara pāhimām	I-144
Mādhava gopal	I-145
Mathurādhipatē	I-145
Malarum manavum	I-146
Manamē narajīvitam	I-147
Manasā vāchā	I-148
Manassē nin svantamāyi	I-150
Manda hāsa	I-152
Mangala ārati	I-153
Mannāyi maṛayum	I-153
Manō buddhya	I-154
Mārā yadukula	I-156
Martyare samsāra	I-157
Mauna ghanāmṛtam	I-158
Mūka gānam	I-159
Mūka hṛdaya	I-160
Nanda kumāra	I-160
Nandalāl	I-161
Nandalālā yadu	I-161
Nārāyana hari	I-162
Nī ente veḷiccham	I-165
Nīlāmbūja	I-166
Nīlamēghaṅgalē	I-167
Nin ōrmakaḷ	I-168
Nin prēmam	I-169
Niṛamillā	I-170
Nirmala snēhamē	I-171
Om bhadrakālī	I-172
Ōmkāra brahmattin	I-172

Ōmkāra divya porūḷe i I-173
Omkāra divya poruḷē ii I-181
Ōmkāra divya poruḷe iv I-189
Ōmkāra mengum I-198
Oru nālil ñān en I-200
Orunālil varumō I-200
Orutuḷḷi snēhamen I-201
Pakalantiyil I-202
Pālkkaṭal naṭuvil I-203
Paramaśiva mām pāhi I-205
Parasahasra I-206
Parāśakti I-207
Parihāsa pātramāyi I-208
Pariṇāmam iyalātta I-209
Paurṇami rāvil I-210
Pizhayentu cheytu I-211
Pōvukayāyō kaṇṇā I-212
Prabhu mīśam I-212
Prapañcham engum I-215
Pratilōmaśaktitan I-216
Prēma prabhō lāsinī I-217
Rādhā ramaṇa I-218
Rādhe govinda gopi I-219
Rādhē śyāma I-219
Raghu nandana I-220
Rāja rāma I-220
Rāmakṛṣṇa gōvinda I-221
Rāma kṛṣṇa prabhutū I-222
Rāma nāma tārakam I-222
Rāma rāma rāja rāma I-223
Rāma smaranam I-223
Sadā nirantara I-224
Sadgurō pāhimām I-224
Sadguru brahma I-225

Sakala kalā dēvatē	I-226
Śakti rūpē	I-226
Samsāra duḥkha samanam	I-230
Sarvam brahma mayam	I-231
Sachidānanda guru	I-232
Śyāma sundara	I-232
Sīta rām bol	I-235
Śiva śiva hara hara	I-236
Śivāya paramēśvarāya	I-237
Skanda jananī	I-237
Snēha sudhāmayi	I-238
Śrī chakram	I-239
Śri kṛṣṇa śaraṇam	I-240
Śri rāma nāmamu	I-242
Śri rāma rāma nāmam	I-243
Śri rāmachandra	I-244
Śri vināyaka	I-245
Sṛṣtiyum nīye	I-246
Sundarī nī vāyō	I-246
Svāgatam kṛṣṇa	I-247
Tava sannidhānattil	I-248
Tāyē tava tanayaril	I-249
Ulakattinādhāra	I-250
Uttama prēmattin	I-250
Uyirāyi oḷiyāyi	I-251
Vandē nandakumāram	I-252
Vandikkunnēn	I-254
Vannālum ambikē	I-255
Varaḷunna hṛdayattil	I-256
Vasudēva putranē vā	I-257
Vēdāmbikē	I-258
Vedānta vēnal	I-259
Vināyaka vināyaka	I-260
Vinaya mānasam	I-260

www.ingramcontent.com/pod-product-compliance
Lightning Source LLC
Chambersburg PA
CBHW071210090426
42736CB00014B/2770
* 9 7 8 1 6 8 0 3 7 0 2 1 8 *